....

Und darum laufe!

Konrad Gruen

Impressum

Bibliografische Information der Deutschen Nationalbibliothek: Die Deutsche Nationalbibliothek verzeichnet diese Publikation in der Deutschen Nationalbibliografie; detaillierte bibliografische Daten sind im Internet über *http://dnb.dnb.de* abrufbar.

© Copyright: *2016 Konrad Gruen*
Umschlaggestaltung, Illustration, Satz, Abb. S. 103:
www.weisser-raum.de
Gesetzt aus der Calluna und der Calluna Sans
exljbris Font Foundry

Herstellung und Verlag:
BoD – Books on Demand, Norderstedt
ISBN: 978-3-7412-1139-3

www.darumlaufe.net

Inhalt

Vorwort 11

1. Laufmeditation und Technik

Das Feld	13
180 Grad-Technik	13
Das Lächeln, eine Begegnung	14
Bäume	15
Die Streckenerinnerung	16
40 Meter vor dir	16
Die Verwirbelung von Gedanken	18
Ist es nicht so	19
Sich trennen	20
Der Kreis	21
Das Geheimnis	21
Heiß oder kalt	22
Karmalaufen	23
Die neue Technik	24
Der Karmaläufer	26
Das Vertrauen	26
Das Fluchtlaufen	27
Das Lauftagebuch	27
Die Stille	28
Die Entdeckung	29
Tag und Nacht	30
Das einzig Originelle	30

Der Schatten	31
Überspringen	31
Der Dank	32
Das Singen	32
Der Anfang	33

2. Bewegung und Suche

Das Wachstum	35
Das brennende Haus	36
Das Verhandeln	36
Das Plätschern	37
Die Übung	37
Wert und Urteil	38
Die Ohnmacht	38
Das Leben	39
Orientiere dich	39
Dort ist einer	40
Die Illusion	40
In den Wald zu gehen	41
Das Denken	41
Wunsch	42
Der blinde Fleck	42
Das Vertrauen	43
Die Schlange	44
Das Dunkel	44
Die Welt	45
Hier-und-Jetzt	45

Der Stein	46
Die Vereinigung	46
Die Frage	47
Das Weitergehen	48
Harken und Fegen	48
Ein Ringen der Angst	48
Die Selbstversorgung	49
Die Energie	49
Die Umkehr	50
Die Geduld	51
Sprechende Steine	51
Das Licht	52
Die Idee	52
Der Garten	53
Alles gehört dazu	54
Das Glück	54
Auf der Suche	55
Der Friede	56
Die Gegenwart	57
Der Todweg	57
Ohne Urteil	58
Unauffindbar	59
Der Wechsel	60
Das Trauen	60
Das Lehren	60
Das Gesetz der Fülle	61
Die Angst vor der Fülle	62
Der Gruppentodweg	63
Der erste Atemzug	63

Der Schrei	64
Der Freund	65
Die Manifestation	65
Die Freude	66
Der Käfig	66
Das Unheil	67
Das Sammeln	67
Der Weg	68

3. Entwicklung und Erkenntnis

Der Segen	69
Das Rauschen des Baches	70
Wie also gelange ich in mein höchstes Potential?	70
Die Meisterschaft	71
Das Fortlaufen	71
Vom Grunde meines Herzens	72
15 Minuten	72
Der erhellende Funke	73
Ein Geist des Waldes	74
Der Sturz	75
Das höchste Potential	76
Warum willst du?	77
Dunkel, Angst und Freundschaft	77
Die Kraft des Tieres	79
Das Lächeln, eine Vermutung	79
Es gibt	80
Ein Stamm, hoch genug	80

Das Lächeln, eine Welle	81
Wer bist du?	82
Das Sein	82
Das Lächeln, sich üben	82
Eine Läuferin	83
Langsam ist schnell	84
Laufen mit gesenktem Haupt	85
Das Lächeln	85
Ich sage	86
Die größte Gefahr	87
Der Sinn an der Sache	87
Die Verfügbarkeit	88
Es löste sich ein	88
Sanft geborgen	89
Darüber	89
Zu gleicher Zeit	90
Dein Schatten	90
Zeit und Erkenntnis	91
In dieser Welt	91
Das Laufen im Licht	92
Der Atemzug	92
Das Gleißen	93
Die Wunschlosigkeit	93
Was glaubst du?	94
Wer bist du?	94
Warum nicht sein?	94
Der Punkt	95
Es ist einfach	95
Der Vergleich	96

Das Wesen	96
Die Zeit	97
Die Frage der Fragen	97
Die Abzweigung	97
Wenn ich sage	98
Der Geiz	98
Himmelblau	99
Es zu dir spricht	100

Vorwort

Vor einiger Zeit habe ich in einem Familienalbum eine Fotografie entdeckt. Sie zeigt mich im Alter von vielleicht vier Jahren auf den Schultern eines berühmten Läufers. Das Bild hat mich ermutigt, von dem Laufen zu schreiben und das geschriebene zu veröffentlichen. Ich habe mich nie als Läufer wahrgenommen und bin es wohl schon immer gewesen. Ich bin ein Waldläufer. Ich laufe auch in dem Tal an dem großen Strom, doch zu Gedanken gelange ich im Wald.

Sollte sich ein Mensch von meinen Texten angeregt fühlen und loslaufen, so würde mich dies mit großer Freude erfüllen. Doch möchte ich an dieser Stelle ganz deutlich klarstellen, dass ein jeder für sich und seine Gesundheit selbst verantwortlich ist. Von nichts anderem handelt dieses Buch. Die Inhalte, die von der Begegnung mit der körperlichen oder auch geistigen Grenze berichten, sie sind aus meiner Erfahrung geschöpft. Sie sind ein Geschenk und keine Handlungsanweisung. Nimm, was dir nützt, alles andere lass beiseite. Wenn du die Grenze suchst, tu es in völliger Verantwortung für dich selbst und in Anerkennung der möglichen Konsequenzen.

Konrad Gruen
Dresden, November 2016

1. Laufmeditation und Technik

Das Feld

Ein Rat könnte sein: Bewege dich, um den Organismus zu stärken, geh hinaus und laufe über diesen Planeten. Laufe eine Strecke und kehre gestärkt zurück. Befreit von Gedanken, dem Atem vertrauter als zuvor, muskulär entspannt, wach und leicht. Doch dort noch eine ganz andere Kraft völlig unbenannt ist: Wenn du läufst, wirst du den Raum überwinden. Du wirst aus dem Feld, in dem du dich befindest, in ein anderes hineinlaufen. Aus dem anderen Feld wirst du zurückkehren. Zu einem FELD-KENNER wirst du werden.

Und darum laufe!

180 Grad-Technik

Wenn du läufst, kann es sein, dass du irgendwann nicht mehr beschäftigt bist mit Atem, Schritten, Weg und Lunge. Deine Gedanken können sich selbstständig machen und fließen, wohin sie wollen. Sind diese Gedanken marternde, furchtgetriebene, Sorgengebäude, so wird das Laufen Linderung verschaffen, ganz sicher. Bleibt ihr Marterndes dir trotzdem groß, so ändere Deine Laufrichtung um 180 Grad! Nun spüre, wie du in den Gedankenschweif hineinläufst, den du gerade eben produziert hast. 30 bis 40 Meter laufe nun, der Schweif wird nicht viel länger sein. Er ist verwirbelt von deiner Bewegung und den nun neu sich einstellenden Gedanken zudem. Was geschieht mit deinem Weg? Du wolltest doch deinem Ziel näher kommen? Es liegt in der anderen Richtung. Ändere nun deine Richtung erneut um 180 Grad und laufe durch den durchwirbelten und überlagerten Gedankenschweif und versuche zu spüren, wo du das erste Mal deine Richtung geändert hast. Was denkst du nun? Wichtig ist, dass du es beide Male mit der Richtungsänderung vor dir erst meinst. Vor dir also die Möglichkeit wahrst, wirklich einfach weiterzulaufen, in der geänderten Richtung. Einfach umzudrehen.

Und darum laufe!

Das Lächeln, eine Begegnung

Wenn du läufst, kann es sein, dass du irgendwann einem anderen Läufer begegnest. Es kann sein, dass du bisher immer weiterliefst, ohne zu grüßen. Nun versuche, deinen Gegenüber anzulächeln. Du wirst Erschauern in seiner Reaktion. Das erwiderte Lächeln wird dich im Mark treffen. Eine Kraft in dir ausgelöst: Das hast du bewirkt, ein Mensch hat gelächelt, Ihr beide seid in Harmonie und Sympathie einander nah, seid in dem einen Tun miteinander verbunden, seid Waldläufer, Strandläufer, Läufer der Wüste, der Städte und

Ihr seid für diesen kurzen Moment der Übereinstimmung miteinander verbunden und zugleich an das Universum angebunden, aus dem nun in Euch die Kraft sich verwirklicht. Du hast die Welt verändert mit diesem einen Lächeln! Das allein ist schon Sinn in einem Leben. Du hast gelächelt, ein anderer konnte nicht anders, als dein Lächeln aufzunehmen. Er wird das Lächeln weitertragen, kaum vorstellbar, was das für die Welt bedeutet!

Und darum laufe!

Bäume

Die mir vertraute Strecke, die ich immer wieder gelaufen bin, doch etwas hat sich verändert. Ich nahm schon immer die Unterschiede der Bäume am Wegesrand wahr. Größe, Alter und Form natürlich. Buchen, Eichen, Kiefern und Fichten. Doch da ist mehr, viel mehr. Freundliche und weniger freundliche. Solche, denen ich mich nähere. Andere, die ich mit Respekt aus der Entfernung betrachte. Individuen!

Unter ihnen einige, die verantwortlich sind. Andere, die es noch werden können.

Und darum laufe!

Die Streckenerinnerung

Ein Gedanke, beim Laufen empfangen, an einem bestimmten Punkt auf der Strecke. Im Verlauf der weiteren Strecke ist er dir über die vielen anderen Gedanken entfallen, aller Techniken zum Trotz, mit denen du erinnerst, was sich sonst verflüchtigt. Nun kehrst du an diesen Ort zurück, er liegt auf deinem Rückweg. Genau hier stellt sich dieser Gedanke wieder ein.

Und darum laufe!

40 Meter vor dir

Wenn du losläufst, so versuche deinen Fokus auf ein Ziel zu lenken, welches imaginär ungefähr 40 Meter vor dir liegt. Dieses Ziel lasse nicht aus den Augen. Vertraue deinen Füßen, sie werden den Untergrund erkennen, dich über Wurzeln und Steine hinweg tragen. Dein Laufen verändert sich. Das Wahrnehmen des Untergrundes, der vor dir liegt, wandelt sich. Das ist das, was ich meine, wenn ich sage: *Vertraue deinen Füßen!* Oder: *Sieh mit deinen Füßen!* Oder: *Laufe mit deinen Füßen!* Bleibe nun so lange, wie es dir möglich ist mit deinen Augen, ihrem Fokus, auf dem imaginären Ziel in 40 Metern Entfernung. Kommst du dem Baum, dem Objekt, an dem du diese 40 Meter festgemacht hast, näher auf vielleicht 30 Meter, so blicke voraus und finde ein neues Ziel und wieder und wieder.

Dein Kopf ist erhoben, deine Haltung gewandelt. Du läufst nun aufrecht, sodass ein Gefühl körperlicher Schwerelosigkeit entstehen kann. Die Beine laufen wie von allein und der Atem geht tief und dann wieder ganz hoch über Dich hinaus. Du atmest die Ferne, die Weite, den Kreisbogen von 40 Metern um dich herum. Nimm ihn als Volumen, welches deine Lungen einsaugen. Lass es eine Kugel von 80 Metern Durchmesser sein, sie hat mehr als genug Luft für dich zur Verfügung.

Du wirst vielleicht bemerken, wie schwierig es ist, mehr als vielleicht fünf oder sechs Schritte zu tun, ohne den Blick auf den Boden vor dir zu senken. Es ist schwierig, sich nicht fortwährend zu vergewissern, was dort vor dir auf dem Boden ist. Doch es ist möglich. Du wirst alles, was dich stolpern lassen könnte wahrnehmen, wenn es notwendig ist. Aber lass deinen Fokus auf deinem Ziel. Lass deine unbewusste Wahrnehmung sich um Schrittfolge, Schrittweite, Behutsamkeit des Aufsetzens der Füße kümmern. Sie kann es. Der Bereich deines Gesichtsfeldes, der am unteren Rand liegt, in dem all das liegt, was dich stolpern lassen könnte, sei nun von einem Wahrnehmungsbereich beobachtet, den ich unbewusst nennen möchte. Vertraue also deiner unbewussten Wahrnehmung und sieh mit den Füßen, ohne dein Ziel in 40 Metern vor dir aus den Augen zu lassen. Vielleicht solltest du diese Übung erst auf einem ebenen Untergrund versuchen, einer Straße etwa, um dann allmählich auf abwechslungsreichem Terrain weiterzuüben. Du kannst auch langsamer laufen, als du vielleicht gewohnt bist. Hast du die rechte Geschwindigkeit für dich, den Moment, deine Wahrnehmung, so wirst du auch nicht stolpern oder gar hinfallen. Vielleicht setzt du deine Füße auch etwas behutsamer auf, vielleicht werden sie vorsichtiger mit den möglichen Unebenheiten umgehen. Aber blicke für den Lauf von 40 Minuten, von einer Stunde nur in die Ferne. Du wirst gewandelt sein, wenn du zuhause ankommst. Dein Geist wird nach oben hin geöffnet sein, erhaben. Er hat fliegen dürfen und ist nun bereit sich wieder mit dem Naheliegenden zu beschäftigen. Es kann sein, dass es dich berauscht, so zu laufen. *Doch Vorsicht!* Im Rausch sind wir in der Lage über uns selbst hinauszugehen. Dies kann zu Erschöpfung, zu übermäßiger Ermüdung führen, du kannst dich übernehmen, zusammenbrechen, dich verletzen. Wenn du dies alles vermeiden willst, so genieße den Rausch, aber zähme ihn ein wenig auf das Maß, in dem du dich auch sonst bewegst.

Und darum laufe!

Die Verwirbelung von Gedanken

So stelle dir vor, was an Gedanken sich dir vergegenwärtigt, sei durch den sanften Wind verwirbelt. Von der Bewegung, die du vollziehst, im Laufe durch den Wald, an Laub, Dunst und Feuchte vorbei. Die Gedanken seien wie Luftperlen im Wasser, von Meeressäugern ausgestoßen. Eine Schleppe, die du hinter dir herziehst. Verwirbelt aus ihrer konzentrierten Form, sich wandelnd in die diffuse. Sich ganz auflösend sogar. Hinter dir aufsteigend, in die Hohe. Ganz gleich, welcher Art dein Gedanke ist, die Vielzahl deiner Gedanken sind. Seien sie freudig, vertrauend, beseelt oder geängstigt, von dunkler Kraft. Aus dir heraus, herausgeatmet bleiben sie zurück.

Was nur, denke ich, *ist der Wald in der Lage alles aufzunehmen.*

Und darum laufe!

Ist es nicht so?

Ist es nicht so, dass das Gewicht meines Körpers sich wandelt in Wärme, die den Schnee unter meinen Füßen, wenn auch nur ein wenig, schmelzen lässt, sodass dort in den Stapfen meiner Füße geschmolzener, verdichteter Schnee überfrieren kann zu kleinen Eisflächen?

Ist es nicht so, das diese verdichteten Flächen auf viel begangenen Wegen im Wald einen über den Winter hin anwachsenden Hügel bilden aus Eis, der sich deutlich zeigt, wenn im Frühjahr in wieder wärmeren Temperaturen, alles Drumherum getaut ist, dort jedoch diese Eisbahn sich über Tage noch wahrt?

Wieso glaubst du, wenn dieses an Gewicht, welches dich ausmacht, über so lange Zeit sichtbar bleiben kann unter diesen speziellen Bedingungen, es wäre gleichgültig, in welcher Verfassung, in welcher inneren Stimmung du deine Füße auf die Erde setzt?

Ich sage, *friedlich zu laufen, kann ich versuchen.* Ein jeder Schritt Ausdruck des Friedens in mir. Dort wo ein Mensch friedlich lief, war die Welt gewandelt und andere können dies wahrnehmen auf ihrem Weg der Friedlichkeit.

Und darum laufe!

Sich trennen

Sich trennen, Körper und Geist, schweren Schrittes, in tiefem Schnee, die Steigung lang sich zieht, dort voneinander beides sich entfernt. Was Körper ist, es geht für sich, der Geist hinauf, von oben zu betrachten und so wie Perspektiven möglich sind, sich Perspektiven auch ergeben. Raum und Zeit zugegen, grenzenlos. Erleben und Empfinden, ohne Bindung an die Körperlichkeit. Der Körper wahrt Rhythmus und Atem, alles funktioniert, kein Zutun es erfordert. Der Geist erfährt, erlangt Erkenntnis, ist Selbst und Eins, ist Frage, Antwort und Schweigen, handelndes Selbst zudem. Sich trennen, ja, um dann sich wieder zu vereinen. Mit offenen Augen.

Und darum laufe!

Der Kreis

Die von mir im Schnee hinterlassenen Spuren erkenne ich wieder. Es müssen meine Spuren sein. Ich vergleiche das Profil meiner Schuhe mit dem vor mir liegenden Abdruck. Ich vergleiche Schrittlänge und Richtung, um zu folgen. Ich folge mir selbst. Eine einmal gelaufene Runde laufe ich ein zweites, ein drittes Mal. Eine Spur entsteht. *Hier bin ich gewesen*, mein Geist mir zuruft. Und doch er sagt: *Ich bin gewesen!* Das Wesentliche, ganz sicher: *Ich bin gewesen!* Spuren zeugen hiervon.

Und darum laufe!

Das Geheimnis

Ein Zeichner mir sein Geheimnis verriet: Einen stumpfen Bleistift eben nicht zu spitzen, ihn zeichnend wieder in die Ausgangsform zu bringen, wäre möglich. Der Winkel des Stiftes zum Papier sei dafür zu variieren. Es erfordere Übung und Geschick, doch es sei möglich. Er selbst habe es erfahren.

Ich sage, laufend eine Beschwerde an den Beinen, den Sehnen, den Knochen, den Knorpeln und der Muskulatur zu heilen, ist möglich. Es erfordert Übung und Geschick, doch es ist möglich. Ich selbst habe es erfahren.

Doch zuvor ist es der Lauf an sich, der mir den Schmerz,

die Irritation erst offenbart. Nur weil ich laufe, bemerke ich, dass ich zu wenig lief. Und ganz deutlich ist: Es ist die Krise des Bewusstseins der Ausgangspunkt für die Beschwerde.

Und darum laufe!

Heiß oder kalt

Hitze oder Frost, Regen, Wind, Sturm sogar, nie ist es so, wie es sein könnte, der Vorstellung nah. Auch jenseits der Extreme. Es entzieht sich der Bereich des Wohlbefindens in dem Maße, in dem ich versuche mich ihm anzunähern. Das Streben nach den optimalen Bedingungen lässt mich loseilen oder aber es lässt mich zögern. In dem Streben und dem Versäumen verliere ich mich selbst. Den Hunger zu beobachten, ihn auszuhalten, anstatt dem essbaren hinterher zu eilen, den Durst zu ertragen, dem Frost standzuhalten, es offenbart: Dort gibt es bisher Ungesehenes!

Das Ideal lässt mich loseilen, ich bin unterwegs, getrieben, entäußert und hierüber wird alles schlecht. Alles wird falsch, denn ich verliere diesen Ort. Den Ort, an dem ich mich befinde. Und je länger ich unterwegs bin, umso besser verstehe ich: Der Ort, den ich suchte ist hier, genau hier, in mir. Und er war schon immer hier. Er kann nirgendwo anders sein. Dieser Ort ist der Einzige, der mir beschieden ist. Ich habe keinen anderen. Wenn ich ihn erkenne, offenbart er seine Schönheit in dem kleinsten seiner Teile. Es ist die

Offenbarung des Universums, des Seins. In ihm sind alle Antworten auf alle mir möglichen Fragen geborgen und darüber hinaus ist dort auch die Gewissheit, dass es keine Frage gibt. Es ist die Flucht aus der Welt, die ich hier lehre, über das Weniger, das Ertragen, das Aushalten, das Verharren, das Sichöffnen – in dem Ergreifen der Welt.

SELBST und ICH lösen sich auf, sind verflüchtigt. Energie und Bestimmung fließen und strömen durch mich hindurch. Durch mich, der den Mut hat, dem Universum gegenüberzustehen. Den Mut, das Universum durch sich hindurchgehen zu lassen, das Universum zu sein. Solcher Art derBestimmung nahe zu sein, ermöglicht mir, im nächsten Moment wieder meiner Arbeit nachzugehen, der Aufgabe zu folgen.

Und darum laufe!

Das Karmalaufen

Es gibt Glaubenssysteme, die an die Vorstellung von Karma gebunden sind. Nun stelle Dir vor, ein laufender Mensch würde durch die Zeit mit sich, mit seinem Atem, mit dem Weg, dem Raum, Wald und Wiese in der Spanne seines Seins Bereiche realisieren, in denen er kein weiteres Karma auf sich lädt.

Da er niemanden stört – leis, wie ein Tier im Unterholz sich bewegt.

Da er niemanden verletzt – mit Wort oder Handlung,

schweigend in Gedanken und Atem.

Da er nichts verbraucht, benutzt oder entwertet – den Ort unversehrt zurücklässt, ein paar Fußspuren, ein wenig Ausgeatmetes, mehr nicht.

Das nenne ich KARMALAUFEN.

Und darum laufe!

Die neue Technik

Sie erlaubt dir, unbekannte Sphären zu erkunden. Neue Qualitäten wahrzunehmen. Neue Zeiten, Weiten und Leistungen. Die neue Technik ersetzt alte, bereits etablierte, gut funktionierende Techniken. Mit ihnen bist du gut gelaufen so weit. Es könnte genauso weitergehen, doch irgendetwas hat dich aufmerksam gemacht auf den neuen Weg. Irgendetwas ließ dich glauben, die neue Technik könnte zu dir passen, schließlich, sie sei nicht mehr zu umgehen. Sie auszuprobieren sei unausweichlich. Das Experiment sei notwendig, Veränderung und Wandel wären das Wesen all dessen, was du hier betreibst.

Und so kommt der Tag, an dem du die neue Technik probierst. Und jetzt erfährst du, was du vielleicht bereits geahnt hattest: Gewohntes funktioniert nicht mehr, etwas verlässt dich, der Halt geht verloren. Eine Leere tritt ein, sie ängstigt. In der Orientierungslosigkeit sehnt sich etwas in dir zurück. Doch es gibt kein Zurück mehr.

Und nun kommst du dir nahe. Die Leere auszuhalten, ermöglicht dir zu wachsen, weiterzugehen. Du stürzt nicht in den Abgrund. Du bist geborgen in dir selbst. Du hast die Kraft und die Größe. Du bestimmst die Regeln. Die wichtigste Regel ist, einfach weiterzumachen. Und nun läufst du weiter. Es geht in diesem Moment darum, die Rückschritte wahrzunehmen. Du beobachtest dich selbst. Nichts scheint mehr zu funktionieren. Die Atmung nicht, Gedanken nicht, die Weite nicht, der Rhythmus nicht. Doch du hältst es aus, du bleibst dabei und nun gewöhnt sich etwas in dir. Das Neue wird integriert, erst mental und dann körperlich. Erfolge stellen sich ein. Gewohntes, Vorheriges erreichst du wieder und nun bist du in der Lage darüber hinauszugehen. Neue Höhen sind in Leichtigkeit erklommen. Ein völlig neues Gefühl stellt sich ein. Das bist du! Um nichts in der Welt würdest du nun zurückkehren wollen. Das ist die Erkenntnis. Ein völlig neues Seinsgefühl stellt sich ein. Etwas, von dem zu künden, dich erfüllt.

Ganz sicher ist, dich zu wandeln, wirst du irgendwann von deinem Denken erneut aufgefordert. Doch nun bist du erfahren im Wandel, in der Integration neuer Techniken. Du weißt, was dich erwartet, ebenso weißt du, womit du belohnt werden wirst. Du bist sanft geborgen.

Und darum laufe!

Der Karmaläufer

Der KARMALÄUFER wird gesehen, seine Friedfertigkeit, sein Nichtmaterialismus ist offen, eine Teilhabe einem jeden anderen Menschen möglich. *Laufe mit!* Flüstert sein Anblick leis. Oder: *Denke über mich, was immer Du magst, ich aber fühle mich jetzt gut und später noch besser.* Oder: *In jedem Schritt bejahe ich das Sein, es zu reinigen mir durch das Laufen ein wenig gelingen mag.*

Und darum laufe!

Das Vertrauen

Das Notieren ersehnter Ereignisse, ihr Vollzug, geführte Übungen, Wegstrecken, Einheiten. Es bleibt eine Manifestation des Mangels. Ich beobachte mich selbst über längere Zeiträume hinweg. Ich gelange zu Erkenntnissen. Gefühl und wissenschaftliche Methode begegnen einander. Das mag mir helfen, doch es bleibt ein Ausdruck des mangelnden Vertrauens. Eine Ängstlichkeit dem Moment gegenüber. Eine Ängstlichkeit, in dem Moment zu tun, zu sein, zu verkörpern, was der Moment gerade von mir verlangt. Eine Ängstlichkeit der Zukunft gegenüber, dem noch folgenden Moment.

Es geht darum, so sehr zu vertrauen, dass von einer Anforderung, einer Bewältigung überhaupt keine Rede mehr sein kann. ES IST, ICH BIN, ES SEI, SO SEI ES, ES, ICH, ALL, ALLES, ATEM. Vollstes Vertrauen, ganz einfach. Und eine Stimme mich fragt: *Bist du bereit im Tausch für den Moment, nach dem du dich so sehr sehnst, das alles herzugeben, ganz einfach aufzugeben, für alle Zeit?*

Und darum laufe!

Das Fluchtlaufen

Nur dann, wenn das Laufen keine notwendige Handlung verdrängt, kann es KARMALAUFEN sein. In der Untätigkeit kann sich Schuld aufbauen, in dem FLUCHTLAUFEN ist Abkehr, Vermeidung, Nichtbewältigung verborgen. Das ist kein KARMALAUFEN. Und nur du weißt, was es für dich in diesem Moment ist.

Und darum laufe!

Das Lauftagebuch

Ich beobachte mich selbst. Ein Lauftagebuch, darin ermittelte Werte, mich anspornende Tage, an denen ich nicht ins Laufen gelangte. Farbfelder, Markierungen im Kalender.

Lange Läufe mit doppelten Zeichen. Nachtläufe mit einem *N* versehen, erkenntnisreiche Läufe mit einem *E*, mühevolle mit einem *M*. Ich nähere mich wissenschaftlich an und das hilft mir, mich besser zu verstehen. Wann gelingt mir ein Denken, wann nicht? Welches ist meine Frequenz? Gibt es einander überlagernde Rhythmen, die verstärkend oder neutralisierend wirken? Der Jahresrhythmus, der des Mondumlaufes, der von Tag und Nacht. Angestrebtes Pensum der Woche und dann der Jahresüberschlag, die große Bilanz. Eine absolute Zahl steht einem Jahresgefühl gegenüber. Ich beobachte mich. Ist es doch dabei der Moment, um den ich mich bemühe. Ein Buchhalterspiel. Glücklich bin ich, forschen zu dürfen. Es gibt kein Ziel, nur Erkenntnis.

Und darum laufe!

Die Stille

Lauf, wenn du läufst, so still es nur geht. So leis, wie nur möglich. So sanft, wie nur möglich – fliege geradezu. Vom Atmen will ich hier nicht reden. Ich rede vom Setzen des Fußes auf den Untergrund. Ist es so leis, dass Passanten dich nicht hören, sie dich nicht bemerken, wenn du dich von hinten ihnen annäherst, dann ist es gut. Denn jedes Geräusch ist Energie, über die du verfügen könntest, wäre sie hier nicht in Schall gewandelt. Du könntest diese Energie aufbringen, um dich vom Boden abzudrücken, dich schweben zu lassen. Ist es so leis, dein Laufen, dass der Zaunkönig von dem Schatten nur, den du auf ihn wirfst, aufmerkt, so ist es gut. Kein Geräusch hat ihn gewarnt. Nichts eilte dir voraus.

Jetzt laufe nicht etwa so, weil es dir zugutekäme, weil es Gelenke, Knochen, Sehnen und Muskeln schonen würde – das tut es ohnehin, das LEISE-LAUFEN, doch hierum geht es nicht. Es geht nicht um Nutzen oder Zweck, nicht um Ertrag oder Erfolg. Laufe leis, sanft, der Erde zuliebe, auf der zu sein dir gestattet ist. Laufe leis, weil du ein Stampfen ihr nicht zumuten möchtest. Weil du Ihre Sehnsucht nach Harmonie und Übereinstimmung wahrnimmst. Weil in allem, was du tust, sich Dankbarkeit ausdrücken soll, ihr gegenüber. Dankbarkeit für ihre Duldsamkeit, für die Kraft und Geborgenheit, die sie dir schenkt. Dankbarkeit dafür, dass sie dich nährt, dir Raum gewährt.

Und darum laufe!

Die Entdeckung

Es ist Atmung, Haltung und die Mobilität des Fußes als große Entdeckung.

Und darum laufe!

Tag und Nacht

Das Laufen am Tage und das Laufen in der Nacht. Von beidem sei die jeweils andere Seite betrachtet. Licht und Dunkelheit, Wechsel und Wiederkehr, Rhythmus und Überlagerung von Zyklen. Geheimnisvoll und doch ganz klar in uns, Takt gebend, sodass es keinerlei Geheimnis sein kann, wovor ich stehe. Wir sind Ausdruck dieser Konstellation von Anfang an. Wir sind ihre Entsprechung. Wir sind das Wissen. Unsere Körperlichkeit trägt die Information. Unser Geist zudem. Die Antwort ist in uns, ganz sicher und ganz klar.

Und darum laufe!

Das einzig Originelle

Was ist das einzig Originelle an dir, an deinem Tun? Vielleicht ist es das Laufen im Dunkeln, das Geheimnis des folgenden Schrittes. Nicht verstehen zu müssen, wie in der Dunkelheit die Füße den Weg finden. Das Sehen mit den Füßen, das Neuerfahren des so bekannten Weges, der im Dunkeln völlig neu, völlig anders zu dir spricht. Das Neuerkennen des eigenen Weges, bin ich doch gezwungen, von Schritt zu Schritt nur zu sein.

Und darum laufe!

Der Schatten

Laufe mit der Sonne im Rücken, sodass der Weg dein Schatten ist, denn der Schatten, das ist der Weg.

Und darum laufe!

Überspringen

Wenn du läufst, sind es Mantren, die dich wirksam erleichtern von Gedanken und Stimmungen. Ganz sicher ist es möglich, mit Mantren der Verneinung zu arbeiten. Du könntest beim Laufen das Mantra ICH BIN TOT innerlich vor dich hinsprechen und erfahren, wie es sich anfühlt. Eine Stunde vielleicht. Ein Frage in dir aufkeimt: Warum solltest du nicht das Mantra ICH LEBE versuchen? Es fühlt sich sicher lebendiger an. Es ist von anderer Qualität. Das Todesmantra könntest du überspringen. Ich sage, wenn es dir möglich ist zu wählen, so beginne gleich mit dem Lebensmantra. Es ist anders wirksam. Vielleicht hast du ja auch schon die grundlegende Arbeit mit dem Todesmantra bewältigt. Doch auch das Lebensmantra zu überspringen ist dir möglich. Empfehlen möchte ich dir ein drittes Mantra: Du läufst in einem Rhythmus von 4 mal 4 Schritten. 1234—1234—1234—1234. In diesem Rhythmus sprichst du innerlich vor dich hin: ICH—BIN—DANK—BAR. Fühle in dir die Dankbarkeit für alles, genau, wie es sich dir in diesem Moment darstellt. Dankbar, ohne verändern zu wollen. Ohne zu trauern, zu bereuen. Ohne Schuld, ohne Scham. Ohne Stolz, ohne Einbildung. Dankbar, einfach dankbar. Ich empfing über dieses Mantra eine zuvor noch nicht erlebte Ruhe. Einen Frieden, auch von mir selbst. 4 mal 4 Schritte. Eine Weile. Eine Stunde vielleicht. Das genügt.

Und darum laufe!

Der Dank

Wenn du läufst und Dankbarkeit und Selbst EINS sind, dein Selbst und der Dank EINS sind, dann ist es gut. Du bist dann Dankbarkeit. Identisch bist du mit dem Dank. Das wird die Welt verändern, ganz sicher. Das ganze Universum noch.

Und darum laufe!

Das Singen

Du kannst es heraus singen, nachdem du es innerlich versucht hast. ICH—BIN—DANK—BAR. Zu Laufen und zu Singen widersprechen einander nicht. Die Schwingung der Melodie geht durch jede Zelle Deines Körpers. Niemand hört dir zu. Hab keine Scham. Singe laut, lauter noch und das über einen Zeitraum hinweg. Eine Stunde vielleicht. Ich kann laufen, zugleich singen. Zudem ist mein Geist völlig frei, beweglich. *Wie wunderbar!* Die einfache Melodie singt sich wie von selbst, wenn ich selbst sie bin. So geht es immer weiter, bis mein Geist wieder Raum hat für die unter diesem Einfluss der Dankbarkeit stehenden Gedanken. Das sind schöne Gedanken. Dieser selbstlose Gesang wird natürlich gehört. Er schwingt hinauf und hinab in die Erde und den Himmel über dir. Scham zu singen solltest du vor diesen Dimensionen nicht haben, sind sie doch ohnehin informiert über jede Schwingung, der du dich hingibst, hingegeben hast, hingeben wirst.

Und darum laufe!

Der Anfang

Wenn du und der Dank EINS sind, wie solltest du noch ein Problem haben können? Und ich gehe davon aus, dass du ein Problem hast. Ist es doch das Wesentliche an dem menschlichen Sein. Und es ist ein Armutszeugnis deiner Schöpferkraft auszustellen, wäre dein Problem nicht ausweglos. Du hast es doch schließlich selbst erschaffen. Wissentlich, oder nicht. Ganz gleich. Bist du jetzt völliger Dank, identisch mit dem Dank, so ist dein Problem gewandelt, weil du selbst gewandelt bist. Alles sich anders anfühlt, weil du selbst anders fühlst. Das Problem hat damit seine Aufgabe erfüllt. Eine neue Zeit beginnt.

Und darum laufe!

2. Bewegung und Suche

Das Wachstum

Wenn du in der Lage bist, auf einem Seil zu balancieren, welches einen Meter über dem Boden aufgehängt ist, wieso glaubst du dann nicht in der Lage zu sein, über einen Baumstamm zu laufen, der über einem Abgrund liegt? Ein Abgrund von 100 Metern oder mehr. Ein Abgrund, in den zu stürzen deinen Tod bedeuten würde. Es ist in dir, es ist deine Vorstellung, es ist die Begegnung mit deiner Angst. Du selbst bist es, der deine Knie zittern lässt, noch bevor du den Baumstamm berührt hast. Der Abgrund, das bist du. Er ist in dir, nichts als Vorstellung. Wenn du das verstanden hast, dann ist es vollkommen klar, dass du mit dem Abgrund arbeiten kannst. Du kannst dich an ihn annähern, ihn einladen. Du kannst mit ihm Freundschaft schließen. Gib ihm Respekt und Achtung – wenn er dein Freund geworden ist, wirst du von ihm Kraft beziehen können. Denn das ist seine eigentliche Verwirklichung, seine Erfüllung und des Abgrundes höchstes Glück. Wenn er dich hat führen dürfen in das Wachstum, welches dir vorherbestimmt ist. Und zudem in das Wachstum, welches noch darüber hinausgeht.

Und darum laufe!

Das brennende Haus

Ich selbst bin das Haus, ich bin das Feuer, bin die Hitze, die Flamme noch. Bin des Feuers Lichtschein, die Glut, die Asche und der Qualm. All das und der Mensch dazu, der versucht, in dem brennenden Haus den Frieden zu finden. Zudem bin ich der Beobachter aus sicherer Distanz. Das Feuer anzufachen ist mir möglich, ebenso kann ich versuchen, es zu löschen. Doch je mehr ich mich erfahre, umso mehr ich zu dem Gedanken gelange: *Das Feuer ist der Kern, der Wesenskern meines Seins. Wie könnte ich es bekämpfen wollen?*

Und darum laufe!

Das Verhandeln

Ich selbst mit mir verhandele die Welt. Ich selbst vor mir, eine Täuschung kann es nicht geben. Den blinden Fleck ganz sicher. Verbrennungen erleide ich an seinen Rändern. Dorthin getreten, die Welt sich mir ohne Gnade erweist. Sie zeigt und ich kann erkennen, Erkenntnis von mir erlangen. Das ist der Grund, die Erkenntnis. Bin ich im Reich des Erkennens, wandele ich von richtig zu richtig. Folge ich, ein Brennen es nicht mehr geben kann. So wandele ich die Welt und sie wird hierin schön.

Und darum laufe!

Das Plätschern

Alles, was ich schreibe, ist dem Plätschern des Baches abgelauscht. Das Denken des Waldes drückt sich in mir aus. Ich empfange und schreibe nieder, mein Name ist ohne Belang.

Und darum laufe!

Die Übung

Die Übung trägt mich über die leidvollen, schmerzhaften Momente sogar in die Leichtigkeit. Dem Fliegen näher als dem Gehen, ist das Laufen nun ganz leise, die Berührung mit dem Boden kaum merkbar. Für die Erde ebenso wenig wie für mich, die Geräusche der Berührung so leise und sanft, das körperliche Gewicht wird nicht getragen, nicht hinauf und hinabgestemmt, es schwebt und die Beine folgen dem Schweben nur, halten es in konstanter Höhe. Nun ist es erreicht, ich fühle mich wie ein Muskel, zuvor war ich getragen von den jeweilig mich tragenden Muskeln, nun bin ich dieser Muskel und ich spüre bis in den Nacken hinauf diese Übereinstimmung, diese Einheit.
Es ist ein Genuss.

Und darum laufe!

Wert und Urteil

Darin zu vertrauen, dass eine jede Selbstoffenbarung eine Manifestation der Fülle ist – es ist möglich in der behütenden, mich bergenden Umgebung. Eine Umgebung, die achtet, respektiert, frei ist von Wert und Urteil. Es realisiert sich, wenn ich ehrlich bin. Dann ist die Innerlichkeit, die ich hervorhole und dir zu Füßen lege, in ihrer vollen Schönheit sichtbar. Den Mut, das zu tun, schöpfe ich aus dem Urvertrauen in die Schönheit. In die Schönheit der Innerlichkeit. Und darin, dass gerade der Schlag des Schicksals, der ihrer Oberfläche einen Riss versetzte, ihre Schönheit ausmacht. Deine Innerlichkeit ist ebenso schön und heilig. Und ich bin ergriffen zu sehen, wie du dich öffnest. In mir klingt deine Erzählung nach und wir sind eins, wenn wir miteinander schweigen. Das ist die Kraft des Zuhörens. Es ist, sich zu widmen. Und es beginnt in mir. In dem Moment, in dem ich ohne Wert und Urteil bin.

Und darum laufe!

Die Ohnmacht

Ich wollte kennenlernen, was das ist, ohnmächtig zu sein. Ohne Perspektive, ohne Ausweg, ohne Achtung durch Andere, ohne Spielraum, ohne Frieden. Und so bin ich nun und trage in mir aus, was ich an Versprechen der Welt gegenüber nicht einlösen konnte – schweigend. Wenn es mir gut geht, so laufe ich.

Und darum laufe!

Das Leben

Das Leben hält echte Fragen bereit. Fragen, vor denen nur ein Schweigen bleibt. Doch immerhin, ein Schweigen.

Und darum laufe!

Orientiere dich

Orientiere dich an denen, die aus Liebe tun, was sie tun und das bis in den letzten Moment. Denn das ist die Ökonomie der Zukunft. Eine Ökonomie von Menschen, die aus Liebe heraus handeln. Ohne Bedingungen, denen alles zu einem Geschenk wird. Menschen, denen es an nichts mangeln wird. Was für ein Glück muss es sein, schon jetzt solch einem Menschen zu begegnen? Was für ein Glück muss es sein, solch ein Mensch zu sein?

Und darum laufe!

Dort ist einer

Dort ist einer, er bricht den bestehenden Stundenweltrekord und eine Zahl an Metern ist ersetzt durch eine höhere. Ihm zu danken ist, dass er sich hingibt, dem Streben nach dem Rekord, der Herausgehobenheit. Er tut es für uns, für mich, der an seinem Bild zu Fragen gelangt. Doch welches ist die Krankheit, die ihm begegnen wird, um ihn daran zu erinnern, dass er sich selbst nicht täuschen kann?

Und darum laufe!

Die Illusion

Tage, an denen ich verharre, in dem NICHT MEHR. Und es übrig bleibt, was sein soll. Sein, weich und klar gesprochen, Ganzheit, ohne Ziel. Vollkommenheit. Schöne Wege dazu. Leichtigkeit und Liebe für alles, allem Gegenüber, mit allem vereint. Das alles stattdessen, es scheint so schwierig, widerspenstig. Zu glauben, es nicht in mir aufnehmen zu können, bleibt die höchste Leistung meines Verstandes. Die Aufrechterhaltung der Trennung. Doch sie ist nur Illusion.

Und darum laufe!

In den Wald zu gehen

Dunkle Gedanken sind erhellt, helle Gedanken sind bewahrt und hinaufgeführt in das Lichtere, Hellere. Und so ist es richtig und wahr in den Wald zu gehen, zu laufen. So ist es niemals falsch oder verkehrt. Atmung, Rhythmus, Bewegung, die Erwärmung des Körpers – all das führt eine Läuterung herbei und sie ist eine körperliche und geistige zugleich.

Und darum laufe!

Das Denken

Begrenzende Gedanken begrenzen, befreiende Gedanken befreien. Von Last, Freude, Bedingtheit. Von Raum und Zeit, Blüte und Frucht. Doch, was ist mit der Freiheit von Gedanken, dem Nicht-Denken? Nicht einmal des Sternes Universum noch in einer Spur vorhanden. Nun dem Ozean der Meeresgrund entzogen ist. Du als Schöpfer dieses Spieles die Vorstellung eines Meeresgrundes Dir erschufst. So rauscht der Ozean hinab in die Tiefe dieses schwarzen Loches, um dir zu offenbaren: *Es gibt kein wohin, noch Raum, noch Zeit.*

Und darum laufe!

Der Wunsch

Eben noch ein Wunsch in mir, nicht einmal ausgesprochen, schon geht er in Erfüllung. Das Universum reagiert. Nur, was erhofft war mit diesem Wunsch, es tritt nicht ein. Neue Sorgen, größere stattdessen. In einem Sturm ich mich wiederfinde, die ruhige See ferner als zuvor. Wünschen nicht ohne Gefahr es ist.

Ich hätte es wissen können.

Und darum laufe!

Der blinde Fleck

Seinen Ursprung nimmt er an der Stelle, an der der Sehnerv in die Netzhaut eintritt. Er ist konstruktiv bedingt. Es genügt zu wissen, daß es ihn gibt. Für mich, in diesem Moment. Er ist ein Bestandteil meiner Wahrnehmung. Es ist ein Bestandteil meiner Wahrnehmung, dass es einen Bereich gibt, den ich nicht wahrnehme. Die Auswirkungen zeigen sich in meinem Leben. Sie treten mir entgegen in Form von Ärger, Verstimmung, vielem mehr. Es mildert, zu wissen, dass es einen solchen Bereich gibt, zu wissem, dass sein Ursprung konstruktiv bedingt ist. In dem Außen gibt es etwas, das ich nicht sehen kann. In mir gibt es etwas, dass ich nicht sehen kann. Will ich es sehen, so brauche ich Hilfe, Kommunikation, Techniken. Ein anderer Mensch kann mich hinweisen. Techniken können mir vor Augen führen, dass es so ist. Ein einfaches Blatt Papier mit einem Punkt und einem Kreuz. Das genügt. Ich werde an seine Existenz erst glauben, wenn ich mich überwinden kann. Wenn ich annehmen kann. Das braucht Vertrauen und die Liebe zu mir selbst. Vergiss nicht, seine Existenz ist konstruktiv bedingt. Es kann sein, dass es Hunderte von blinden Flecken in meinem Sein gibt. Das ist eine Möglichkeit. Ganz sicher. Es genügt, davon zu wissen. Anderen kann ich anders gegenübertreten, Verständnis entgegenbringen. So idealisiert durch die anderen das Bild eines Menschen sein mag, auch er mag blinde Flecken tragen. Sie sind konstruktiv bedingt. Ganz sicher gibt es Meister. Ganz sicher gibt es in Deinem Leben meisterliche Momente, die klar und heil sind, in denen alles integriert ist. Die auszudehnen, ist der Weg. Doch ganz gleich, wie verfeinert Deine Kunst sein mag, die Sache bleibt die selbe, sie ist konstruktiv bedingt.

Und darum laufe!

Das Vertrauen

Auf das Vertrauen es sich gründet. Und auf das Vertrauen darin, einmal wieder vertrauen zu können. Zudem darin, dass ein Mensch, in sein Wahrnehmen vertraut. Das kann ich spüren oder eben nicht. Und so mag dieser Mensch arm sein. Und ich verstehe: *Es ist Vertrauen.* Sein Blick, wie ein

Schlag, mich trifft.

Genauso gut kann ein Mensch reich sein. Und ich verstehe: *Es ist Vertrauen.* Sein Blick, wie ein Schlag, mich trifft.

Und darum laufe!

Die Schlange

Auf dem Weg im Wald ein Mann wie eine Schlange zischte, seinen Hund von meinen Beinen fort zu rufen. An der Leine ziehend, ein stolzer Wolf. Den Mut aufzubringen, den Wolf frei laufen zu lassen, die Schlange noch nicht vermag. Doch darum es geht.

Und darum laufe!

Das Dunkel

Je weniger du siehst, umso deutlicher tritt dein Dunkel hervor. Im Dunkeln zu laufen ist möglich, in völliger Finsternis sogar.

Und darum laufe!

Die Welt

Behandele sie gut, dass sie so schön bleibt, wie am ersten Tage. Meine innere Welt, meine Seele, meinen Geist – all dies so schön wie am ersten Tage zu bewahren, ist mir aufgetragen. Es gibt hier keine Ausrede, keine Ohnmacht. In mir, an mir kann ich arbeiten. Solcher Art gepflegt, könnte ich es nicht übers Herz bringen, die mich umgebende Welt zu schädigen. Es gibt keinen anderen Weg.

Und darum laufe!

Hier-und-Jetzt

Nostalgie und Illusion sind ihm auf der Spur, es zu bedrängen, es zu vertreiben und durch die bleierne Eile zu ersetzen. Das HIER-UND-JETZT ist dabei das Wertvollste, was dem Menschen gegeben ist. Es ist flüchtig und scheu, doch zugleich bedarf es dem Menschen an keinem Ding, an keiner Ware, an keinem Produkt oder Werkzeug, zu ihm zu finden. Es ist in der Vereinigung von Mensch, Zeit, Welt und Raum. Es kann erfahren sein an den unglaublichsten von Bedrohung getränkten Orten. Dem Meister gelingt es jederzeit. Er lächelt, wenn es ihm nicht gelingt. Er vertraut in den folgenden Moment. Er weiß um seine Kraft: Was einmal gelang, wird auch ein weiteres Mal gelingen. Den Kindern können es die Älteren absehen. Die Kinder sind die Lehrmeister. Das

HIER-UND-JETZT ist im Grunde der einzige Raum, in dem ein Mensch existiert, in dem er bestehen kann, der wirklich einzige Raum.

Und darum laufe!

Der Stein

Der Stein bin ich, der im Bach das Wasser teilt, wo ich glaubte, Wasser zu sein, das Strömen selbst, weich und voller Kraft. Eine jede meiner Entscheidungen, ein Stein nur war, dazugelegt zu einem Feld, im Bette dieses Baches, wo ich glaubte, Wasser zu sein, das Strömen selbst, weich und voller Kraft. Ohne Stein kein Rauschen. Das ist mein Geschenk an diese Welt.

Und darum laufe!

Die Vereinigung

Von der Vereinigung ich spreche. Ein Kind wurde erzogen, Aufgaben zu lösen. Die Grammatik wurde von ihrem Inhalt getrennt. Das ist das Wesen der Spaltung. Sie führte uns hierher, so hoch und tief zugleich. Das Kind es ganz genau bemerkte. Von Anfang an. Das Herz des Kindes spricht:

Dies ist unwahr. Dies ist der Mangel.

Die Poesie in dem Mangel ihren Ursprung nahm, um dem Mangel zu begegnen. Frei kann sie sein, wird sie sein, schon bald. In den Linien des Stromes den Frieden zu finden, des Kindes Hoffnung ist. In ihm zu schwimmen mit geschlossenen Augen. Doch der Strom ist unwahr, eine Täuschung nur. Wahr sie nicht wird, nur weil mehr ihr folgen, als an ihr zu zweifeln. Begabt darin, den großen Blick nicht zu führen, irren wir umher, an Bedeutung schwer. Unwahr es bleibt trotzdem. Diese Zeit ist schon vorbei. Aus der Trennung wir uns nun lösen. Es ängstigt, die Fülle anzunehmen. Doch die Fülle ist wahr, die Vereinigung zudem. Das ist ALLES und ALLES ist da. Es ist ganz einfach und doch das Schwerste überhaupt.

Und darum laufe!

Die Frage

Die Frage nach dem Leben aufrechtzuerhalten, das ist schon alles.

Und darum laufe!

Das Weitergehen

Erst wenn du bereit bist weiterzugehen, wenn du es wirklich ernst meinst, dein Schlagen an das Tor dies ausdrückt, dann wird dir geöffnet, und zwar hier.

Und darum laufe!

Harken und Fegen

Dort wo die Erde zu mir spricht, fern von Bedacht und Absicht, Laub fällt und liegt, unberührt. Dort wo kein Mensch sich einmischt, weder fegt noch harkt, sich einmischt in das Werden und Vergehen, wo Muster und Struktur aus sich heraus, aus der SACHE-AN-SICH, aus der Energie der Quelle von allem entsteht, dort die Erde zu mir spricht.

Und darum laufe!

Ein Ringen der Angst

Ein Ringen der Angst mit der Liebe. Auch die Angst zu lieben, es mich lehren will.

Und darum laufe!

Die Selbstversorgung

Ich träumte von dem Bewirtschaften eines Gartens, von Ernte, Ertrag, Selbstversorgung – ohne zu bemerken: Schon längst ist ein jeder Schritt meines Laufes Arbeit in meinem Geistesgarten. Der Arbeit Frucht ein Gedanke ist, dessen Ernte diese Zeilen, deren Ertrag hinaus verweist.

Und darum laufe!

Die Energie

Eine feine, leichte, gewährende Energie, die niemals herbeigezwungen sein kann. Sie zieht sich zurück, ist dort auch nur ein Gedanke in fordernder Form. Ein Gedanke überhaupt. Ist dort ein Bild, ein Ziel, ein Höhepunkt auf deinem Wege von dir angestrebt. Sie ist eine Form der Empfänglichkeit in Passivität, hellwach und aufmerksam. Den Geist sie nicht gewähren lässt. Vielmehr der Energie folgt, die von dem Körper ausgeht. An den äußersten Fingerspitzen, dort bist du, vollkommen. Vertrauen ist alles. Vertrauen darin, dass alles zu seiner Zeit kommt, dass alles gelingt. Dass ich den Mut haben werde, mich dieser Verletzlichkeit auszusetzen. Von Gegenwart, zu Gegenwart, zu Gegenwart. Vertrauen darin, dass es ein Geschenk ist, genau dies hier zu erfahren. Auch, dass die Erfahrung des Scheiterns hieran ein Geschenk ist. Wir stehen wieder auf, versuchen es erneut, wir geben nicht nach. Das ist das Leben. Das ist die höchste von uns zu erreichende Form. Und sie ist nach oben hin offen, unbegrenzt! Wir haben den Mut zur eigenen Größe. Der Körper belehrt uns und führt uns in das Reich, wo Körper und Geist eins sind, beides sind, mehr sind. Wo Zelle und Gedanke einander berühren – einander sind.

Und darum laufe!

Die Umkehr

Ich laufe am Meer. Dem Sonnenaufgang entgegen. Entlang der Küste, die sich in einem weiten Bogen vor mir aufspannt. Ich laufe bis zu dem Moment, in dem ich mich entscheide umzukehren. Das ist das Wesentliche, denn kilometerweit der Sandstrand vor mir liegt. Keine Barriere, die mich behindern würde. Alles ist klar, weit und rein. Die Wellen vor meinen Füßen in Schaum sich lösen. Zurückfließen, einander überspülen. Ich laufe bis zu dieser Entscheidung. In ihr trägt das Wissen darum Bedeutung, den Rückweg mit jedem Schritt um genau einen Schritt zu verlängern. Das Wissen darum, den Rückweg zu kennen und es mit dem Wind aufnehmen zu müssen, der mich jetzt noch vorantreibt. Der Wind, dessen Kraft ich erst erkennen werde, wenn ich ihm entgegen laufe. Ich vertraue, den richtigen Moment zur Umkehr zu finden. Ich vertraue auch darin, ihn zu versäumen. Darin, trotzdem zurückzugelangen zu meinem Ausgangspunkt. Ich habe die Kraft hierzu.

Und darum laufe!

Die Geduld

Im ausgetrockneten Bachbett, gefangen in einem unter Kaskaden ausgespülten Tümpel, ein Fisch, klein und flink, eilt hin und her. Vergeblich ihm wäre, an der Situation etwas ändern zu wollen. Nichts als Geduld es braucht, den Weg zur Quelle fortzusetzen. Des Gewitters Donnergrollen bereits, ein Ende der Gefangenschaft verkündet.

Und darum Laufe!

Sprechende Steine

Auf meinem Weg ein Stein zu mir spricht: *Wie also ist es nun bestellt um Dein Ego, Dein Ablassen, Dein Dich Lösen?* Und ins Mark getroffen, ich zusammensinke. Dem Stein ich antworte: *Ich bemühe mich darum, wie weit, wie wenig mir gelingt, ich ahne davon, doch ich weiß es nicht. Dies ist meine Form bis hierher. Anderes war mir nicht möglich, dies war mein Weg und ich bin noch dabei, was kommen wird, ist völlig offen.* Ein Moment der Stille uns versöhnt, ich den Stein nun frage: *Wie nun ist es um Dich bestellt?* Er mir antwortet: *Ich liege hier, lasse mich zertreten, werde zu Staub, lasse mich ausspülen, verschwinde langsam aber stet, doch Dich nach Deinem Ego zu befragen, auch davon abzulassen, mir bisher noch nicht gelang.*

Und darum laufe!

Das Licht

Was wir Dunkelheit nennen, ist von Licht durchflutet. Dort oben, denn nur dort, wo es in einer Atmosphäre sich bricht, wird es für uns sichtbar. Für unsere eng begrenzten Augen. Doch das Licht ist dort, in alle Richtungen ausstrahlend von allen Sternen zugleich. Ein unfassbares Gleißen. Das All, ein in sich grenzenlos strahlendes, ein Feld aus gewobenem Licht ohne Ende und Anfang. Darin stehen wir. Oder aber wir laufen.

Und darum laufe!

Die Idee

Es ist nicht so, und du weißt vom Grunde deines Herzens, dass dies wahr ist, dass die Anzahl der zu empfangenen Ideen irgendwie begrenzt oder limitiert wäre. Ist dort nun ein strahlender Stern von einem Menschen, dessen Idee dich umwirft in ihrer Großartigkeit, so freue dich mit ihm. Zeige deine Größe darin, für ihn dich zu freuen, für alle, für das Universum zudem. Denn eine großartige Idee öffnet das Tor zu einer ungeheuren Zahl von anderen, ihr folgenden Ideen. Die Kreativität ist frei und ohne Eifersucht. Wie sollte zurückzuhalten sein, was in überschäumender Kraft, in Grenzenlosigkeit erschaffen war?

Doch ist sie erschaffen aus dem Bewusstsein der Fülle, dem Reichtum, der geborgenen Zuversicht, der liebenden Offenheit? Dann ist es wirklich gut.

Und darum laufe!

Der Garten

Auf der Innenseite seiner Umzäunung kündet ein Pfad von der Unruhe des Tieres in dir. Ein ausgetretener Pfad, immer und immer wieder begangen. Wie könntest du dich Eigentümer nennen? Ich blicke von außen hinüber in den abgesperrten Raum und folge meinen ausgetretenen Pfaden, immer und immer wieder begangen. Ohne Zaun, scheinbar. Einzig mein Geistesgarten ohne Begrenzung, ohne Anfang, noch Ende ist. Dort laufe ich herum, soweit ich kann.

Und darum laufe!

Alles gehört dazu

Ein uralter Brauch, zum Frühling hin vollzogen, er war, was dem Todweg seinen Namen gab. Das Austreiben des Todes, ein Ritual des Übergangs von der kalten und lichtarmen Zeit in das aufkeimend, lebendige der nun kommenden Zeit. Miteinander, aneinander vollzogen. Einander der eigenen Lebendigkeit versichernd. Eine Brücke auf dem Wege könnte ganz anders heißen, Brücke des Lebens vielleicht. Der Weg zudem könnte einen anderen Namen tragen. Ist der Brauch bekannt und vertraut, so wird das Bezeichnete, das Überwinden und das Lebendige eins. Alles ist eins und alles gehört dazu.

Und darum laufe!

Das Glück

Das Glück ist das Kind deines Vertrauens, deiner Zuversicht. Und mag der Tag noch so ausweglos sein, er ist ein Tag Leben, so wie jeder Tag ein Tag Leben ist. Und er wird ein guter Tag sein, heiter in der Ausweglosigkeit. Das ist deine Kraft!

Und darum laufe!

Auf der Suche

Ich war auf der Suche nach dem Ort, dem Moment, dem Ereignis, der Begebenheit, der Katastrophe, in der ich einmal nicht mehr in der Lage sein würde, ihr noch etwas Gutes abgewinnen zu können.

Dort unten, am Grund, ohne Worte, ohne Stolz, ohne Mut, ohne Vermessenheit, ohne Luft zum Atmen, noch Schlösser aus ihr zu errichten. Schweigend, zusammengekrümmt. Und so bekomme ich diesen Ort, diesen Moment, dieses Ereignis, diese Begebenheit, diese Katastrophe. Sie war zu erfahren, sie lag auf meinem Weg. Von mir gefunden zu werden, war ihre Sehnsucht.

Dort unten, am Grund, ohne Worte, ohne Stolz, ohne Mut, ohne Vermessenheit, ohne Luft, noch Gebäude. Schweigend, zusammengekrümmt.

Wo ich nicht mehr bin und doch sanft gehalten werde von genau dem, genau so, wie es der Moment erfordert. Dass ich dann gehalten werde, genau dann, dass ich dann dem Sein so nahe gelange, dass wenn auch nur für einen Moment das Sein ich vollends bin. Das ist das ureigen Gute, dass ich noch dem Moment, in dem ich nicht mehr bin, in dem ich nur noch erfahre, alles an mir sich selbst verneint, abgewinne.

Ich kann es nicht leichter haben, das ist mein Weg. Ich habe keine Kontrolle, noch sie jemals hatte.

Und darum laufe!

Der Friede

Stelle Dir vor, Du würdest den Frieden mit Dir selbst finden und in diesem Zustand verharren. Da ist er nun endlich, klar und ruhig wie ein Morgen an einem Bergsee.

Nun stelle Dir vor, den Frieden mit einem geliebten Menschen zu finden. Dem Freund, der Freundin, dem Mann, der Frau. Ganz sicher ist die Herausforderung groß. Den Zustand aufrechtzuerhalten, erfordert eine große Offenheit. Ihr lernt aneinander und Ihr werdet Euch verändern. Ganz gleich, es ist möglich den Frieden, den Ihr einander darstellt, aufrechtzuerhalten.

Nun stelle Dir vor, den Frieden innerhalb einer Familie zu finden. Kinder werden geboren, sie haben Bedürfnisse, sie werden ihrer selbst gewahr, erweitern ihre Grenzen und treten hinaus in die Weite des Seins. Es ist möglich, hier in der Familie den Frieden zu finden und ihn aufrecht zu erhalten. Ich bin davon überzeugt.

Nun stelle Dir vor, Du würdest den Frieden innerhalb einer Gemeinschaft von Menschen finden, die aus vielen Familien besteht, deren Wunsch nach Zugehörigkeit die Kraft hätte die Gemeinschaft zu erschaffen. Sie kommen aus unterschiedlichen Regionen, sie sind Träger ihrer Kulturen und Herkünfte, sie zeigen sich und nehmen wahr. Ihnen ist möglich, den Frieden zu finden und aufrechtzuerhalten, ganz sicher.

Nun stelle Dir vor, Du würdest den Frieden finden über alle Nationen hinweg, über Zeit und Raum in Verbindung mit allen Menschen, die auf diesem Planeten leben oder jemals gelebt haben. Du würdest teilhaben an einer Weltseele und sie nach Deinem Wunsche formen, so wie jeder andere Mensch auch. Den Frieden würdest Du erschaffen und ihn aufrechterhalten. Das zu tun wäre gut, ein Ausdruck des Menschlichen an sich. Ziel und Hoffnung zugleich. Unendlich schwer mag es Dir erscheinen. Einmal erfahren, diesen Frieden gefunden zu haben – wie könntest Du davon schweigen?

Und darum laufe!

Die Gegenwart

Woher nur nimmst Du die Gewissheit, so zu sprechen? Ich antworte: *Ich erschaffe die Gewissheit in dem Moment des Sprechens.*

Und darum laufe!

Der Todweg

Dort wo ich laufe, haben die Wege Namen wie: Kannenhenkel, Wilde Neun, Diebsteig, Gänsefuß und auch Todweg. Ich laufe auf dem Todweg, denn an manchen Tagen ist dies der für mich richtige Weg. Er ist schwer zu erreichen, über scharfe Steigungen nur, durch ein von dem Zufluss zu meinem Bache geschnittenes Tal. Mit großen, Dunkelheit spendenden Kiefern, über Wurzeltreppen und Steigungsgeröll. Schließlich bin ich dort, auf einem bewaldeten Plateau, auf dem Todweg. Und ich schreie ihm entgegen, was an Lebendigkeit in mir ist. Mögen die Stimmbänder bersten. Der Hall klingt ungehört durch des Waldes Tiefe und Friede tritt ein. Gelassenheit stellt sich ein, nicht dem Wege, dem Tode gegenüber.

Und darum laufe!

Ohne Urteil

Auf dem Weg zu dem Ort, an dem ich ohne Urteil bin – das ist das Laufen in dem Wald. Hierbei ist es ganz gleich, ob das Urteil verschwiegen oder hinausgetragen ist, ob es in seinem Wesen sanft, bestärkend oder vernichtend, entwertend und ob es gerecht oder ungerecht gesprochen ist. Ich bemerke, fortwährend zu urteilen, so oder so. Das Denken manifestiert, das Sprechen danach ist lediglich seine Ausformung.

Und so denke ich von einem Baum, er wäre schön. Ich denke von einer Fichtenschonung, sie wäre hässlich, von dem Weg, er wäre beschwerlich und von mir selbst, ich würde nicht die Schönheit verkörpern. Dies ist des Urteils Wesenskern. Das alles lass sein. Es braucht manchmal eine Stunde des Laufens, um dorthin zu gelangen, an den Ort ohne Urteil. Dann, nach einer weiteren Stunde sind die Urteile wieder da. Doch immerhin, einen Moment lang war ich ohne Urteil. Wem solch ein Moment gelingt, dem kann auch ein Weiterer gelingen. Vorstellbar ist auch, dass ein Mensch von nun an, für alle Zeit völlig frei ist in seinem Denken von jeglichem Urteil. Das ist vorstellbar. Und ich denke es jetzt und mein Denken erhebt mich, ja es ist meine freie Wahl, genau das zu denken: Vollkommen ohne Urteil zu sein, zu existieren, für alle Zeit, ist mir möglich.

Und darum laufe!

Unauffindbar

Laufe dort, wo niemand dir begegnet, kein Menschenklang zu hören ist. Dort, wo Raum sich öffnet, unbelegt von Denken oder Wert. Wo du der Sache gegenüberstehst. Wo Steine sprechen und Wasser, Wasser ist. Wo Tiere dich begleiten. Wo Spuren alt und Wesen führen. Wo niemand dich nach einem Sturz versorgt. Wo dein Ruf nach Hilfe nur nach innen dringt. Wo unauffindbar du im Moos vergehst.
Gehört war nie zuvor, was hier zu dir spricht. Von nun an nie mehr ohne das, dein Sein wird sein. Und in des Geschäftes Abwicklung noch vernimmst Du einen Ton, kaum merklich, doch ganz sicher ist er da.

Und darum laufe!

Der Wechsel

Ich sitze am Wegesrand.
Ich wechsele die Schnüre meiner Schuhe.
Ich empfange die Botschaft meiner Herkunft.
Ich erschaffe das Bewusstsein meiner Zukunft.
Keine Frage beunruhigt mein Herz.

Und darum laufe!

Das Trauen

Es ist – und du kannst es benennen, du weißt, was es ist, du kannst deinen Begriff für dein Trauen, dein Vertrauen in die Form, die Sache, die Kraft finden – letztlich genau das: Das Vertrauen in die Sache oder eben nicht.

Und darum laufe!

Das Lehren

Ich lehre. Ich lehre das Laufen und nahm mir vor, zu akzeptieren. Vollkommen, von Grund auf den Schüler zu akzeptieren. Mich selbst zudem, vorweg. Das ist mir doch die Voraussetzung, lehren zu können. Die unlösbaren Fragen, sich selbst gestellt zu haben und zu einer Antwort gefunden zu haben. Sie lautet: *Ich bin!*

Sie ist Akzeptanz und Vertrauen, sie ist einfach, klar und erschöpfend. Eine Bejahung. Mehr nicht, das genügt vollkommen. Und doch bleibt, jemanden herauszufordern, des Lehrenden Aufgabe. Und so provoziere ich: *Was ist Dir die größte Herausforderung?* Dort ist der Weg, ganz sicher.

Und darum laufe!

Das Gesetz der Fülle

Was ist das, wenn vor dir ein Stück Sahnetorte liegt, du es aber nicht erreichen kannst? Mehrlagiger Biskuitboden, Cremefüllung mit Sauerkirschen, Schokoladenstreusel. Das alles fein nach Branntwein duftend, garniert mit einer Haube aus Sahne. Ich kann die Beschreibung fortsetzen. Vor deiner Nase und doch unerreichbar, das bleibt die Situation. Du kannst dich ärgern, in Wut geraten. Es ändert nichts und so bleibt dir nichts anderes übrig, als daran zu wachsen. Du wirst die Torte beobachten. Sie wird nicht besser werden mit dem Verstreichen der Zeit. Eher schlechter. Der frische Duft verfliegt, der Biskuitboden nimmt Feuchtigkeit an, die Sahne wird ranzig und gelb. Fliegen laufen hin und her. Das alles und du hast es ausgehalten. Von Wut keine Spur. Darüber bist du von nun an erhaben. Eine Entwicklung hat sich in dir vollzogen. Genügsamkeit war das Thema deiner

Anwesenheit und du hast sie erlernt. Durch die Begierde, den Schmerz der unerfüllten Sehnsucht bist du hindurchgegangen. Jetzt könntest du denken, es gäbe ein Gesetz, dass Wachstum nur über den Mangel, die unerfüllte Sehnsucht und den Schmerz erreichbar sei. Dass die Erkenntnis der Tiefe der Verzweiflung bedarf. Denn schließlich bist du nun genügsamer als zuvor. Ich sage, es ist anders. Ich sage, die Fülle ist das Thema unseres Seins. Und wenn du aufhörst, an den Mangel zu glauben, ihn herbeizurufen, dann wird sich die Fülle auch einstellen. Etwas fragt mich: Warum nur hast du Angst vor der Fülle? Warum nur, glaubst du, es nicht Wert zu sein, die Fülle zu empfangen?

Und darum laufe!

Die Angst vor der Fülle

Warum hast du Angst vor der Fülle? Vielleicht, weil in dir uralte Glaubenssätze wirksam sind. Die Glaubenssätze sagen, du wärest nicht Wert, die Fülle zu empfangen. Das mag darin gipfeln, daß du die Fülle zurückweist, um nicht die Erfahrung machen zu müssen, dich wertvoll, erfüllt und glücklich zu fühlen. Dabei ist es doch das, wonach du dich am meisten sehnst. Doch das Muster des Mangels wirkt in dir, ohne dass du es selbst erkennen könntest. Und so zerstörst du lieber, als den Käfig deiner Begrenztheit zu verlassen. Das ist dein Weg. Er führt hinab. Das ist die Erfahrung, die zu machen du angetreten bist. Das ist weder gut noch schlecht. Das Einzige was ich sage ist, dass du der Schöpfer deiner Realität bist. Mehr nicht.

Und darum laufe!

Der Gruppentodweg

Wenn wir gemeinsam dort laufen, gibt es vielfältige Möglichkeiten. Wir schreien einzeln, nacheinander und präsentieren unseren Schrei denen, die vorweg waren und denen, die nach uns folgen, oder aber wir schreien zusammen. Auf jeden Fall immer dem Tod entgegen. Das wird ein Kampfgeschrei und es hilft uns, zu zählen: 1,2,3,4 und Schrei. Dazu sei die Schrittzahl genommen, all das können wir einstudieren. Ich denke an 4 Schritte pro Zähleinheit. Das können wir üben.

Und darum laufe!

Der erste Atemzug

Der Rat des Vaters: *Atme durch die Nase. Im Winter, wenn es kalt ist, wird die Luft erwärmt, bevor sie in die Lunge gelangt. Das ist ein Schutz. Im Sommer wird sie befeuchtet und gefiltert von den Nasenhaaren. Atme ein durch die Nase und atme aus durch den Mund.*

Ich sage: *Irgendwann ist es notwendig, dorthin zu laufen, wo es dir unmöglich ist, darüber nachzudenken, wie du die Luft in deine Lunge bekommst.*

In der Steigung reißt du deinen Hals auf, so weit es geht, um die Luft hineinzubekommen. Blicke nur auf den Boden mit dem weit geöffneten Rachen. Achte auch in der Sauerstoffschuld noch daran, einen Rhythmus zu wahren. Bleib nicht stehen, nimm die Steigung im Lauf. Wenn du dann auf dem Plateau deinen Puls wieder hinabatmest, dann koste den ersten Atemzug, der dir wieder durch die Nase gelingen mag. Er schmeckt süß und gehaltvoll, wie etwas, von dem du zuvor noch nicht gekostet hast.

Und darum laufe!

Der Schrei

So wie es sich entlädt, das Lebendige in dir, der Lebenswille, dein Aufbegehren, das Einfordern des Rechts am Leben, so dachte ich, ein einziger Schrei auf diesem Weg, der den Namen Todweg trägt, würde genügen. Es ist ein Schrei der Sache, nicht dem Namen entgegen, an dem sich meine Vorstellung erregt. Ein zweiter Schrei würde den ersten in seiner Kraft vielleicht schwächen, relativieren.

Jetzt, nachdem ich auf dem Weg schrie, mehrmals nacheinander, so oft, dass ich die genaue Anzahl der Schreie nicht mehr nennen kann, jetzt denke ich: *Das singuläre Ereignis hat etwas für sich. Es ist die Performance, die eben nur ein einziges Mal in dieser Form gelingt. Echtes Blut statt Ketchup, beides von roter Farbe, doch eben grundverschieden. Aber, wenn du Lust hast zu schreien, dann schreie, sooft du willst. Wenn du es dir leisten kannst zu spielen, dann spiele.*

Ich spiele also und finde Gefallen am Öffnen des Halses, an der Veränderung meiner Stimme, die am Abend noch gewandelt ist. Erprobt in dem, was sie vermag. Auch das ist gut.

Und darum laufe!

Der Freund

Lass die Fliege, die von Deiner Stirne trinkt, zu deinem Freund werden.

Und darum laufe!

Die Manifestation

Zu verstehen: Die Angst ist nur angst und keine Wirklichkeit, gleichwohl ich mich entscheide, sie meine Wirklichkeit beeinflussen, sogar bestimmen zu lassen. Dessen ungeachtet kann ich verhandeln, wirksame Verträge schließen, ihr etwas anbieten, mich um sie kümmern. Bewege ich mich in diesem Raum, so muss ich die ihr gegenüber gemachten Versprechungen auch einhalten. Ihr und mir selbst kann ich nichts vormachen. Und so sind versprochene Opferhandlungen einzuhalten, versprochene Gebete sind zu sprechen, versprochene Rituale sind abzuhalten. Gleichwohl sie keine Wirklichkeit in dem von uns verstandenen Sinne ist. Sie zeigt mir: Gedanken manifestieren.

Und darum laufe!

Die Freude

Läufst Du barfuß, die Erde sich freut.

Und darum laufe!

Der Käfig

Was ist das für ein Tier in diesem Käfig, dessen Wärter verstirbt? Was ist das für ein Tier in diesem Käfig, dessen Wärter den Käfig aufsperrt, bevor er verstirbt? Zur Freiheit gezwungen, der großen Angst gegenüber, einmal den Käfig verlassen zu müssen. Irgendwann wird das Tier vom Hunger getrieben, den ersten Schritt wagen. Es wird sterben, doch bis dahin lebt es – Tag für Tag.

Und darum laufe!

Das Unheil

Irgendwann wirst du bemerken, dass das Unheil, welches dich heimsucht seinen Ursprung in deinem Denken, in deinem Herzen nimmt, dass du der Schöpfer deines Leides, deiner Entbehrungen, der Schöpfer von Wahn und Verzweiflung bist. Du bist es dir selbst und genau das ist die dir gewährte Aufgabe, die gewährte Chance an diesem Ort zu dieser Zeit.

Und darum laufe!

Das Sammeln

Bin ich gesammelt nur, kann ich dem Universum dienen. Gesammelt über den Atem, den körperlichen Weg – diesen oder jenen – ganz gleich.

Und darum laufe!

Der Weg

Dort wo Dein Leben ohne Klarheit von dem Ausgang ist, wo offen ist, ob es hinauf oder hinab führt, dort wo Du nicht mehr sicher bist, endlich verunsichert, endgültig verunsichert, wo Zweifel von Hoffnung erhellt, Vertrauen von Dunkelheit befragt ist – dort ist der Weg.

Und darum laufe!

3. Entwicklung und Erkenntnis

Der Segen

Im Anstieg
Wenn du mit schwerem Atem, gebeugt, Schritt für Schritt im Anstieg deine Kraft schwinden spürst und dann dir ein Mensch begegnet, der von dem Gipfel zurückkehrt, zu dem du dich aufgemacht hast. Er nun an dir vorbeifliegt, hinab, beschwingt, federnden Schrittes, vielleicht lächelnd sogar. Vergiss nicht, es ist derselbe Weg, den Ihr geht, es ist derselbe Berg, an dem Ihr Euch versucht. Und darum grüße ihn, wünsche ihm Glück, er wird deinen Segen benötigen.

Im Abstieg
Wenn du im Abstieg begriffen, einem hinauflaufenden Menschen begegnest, seinen schweren Atem, seine Mühe, die Feuchte auf seiner Stirn wahrnimmst, sein Ringen um Luft, sein Pausieren und Weiterziehen erkennst. Wenn du jetzt hinabfliegst, federnden Schrittes, du dich ihm näherst – vergiss nicht, es ist derselbe Weg, den Ihr geht, es ist derselbe Berg, an dem Ihr Euch versucht. Und darum grüße ihn, wünsche ihm Glück, er wird deinen Segen benötigen.

Und darum laufe!

Das Rauschen des Baches

Das Rauschen des Baches, das Plätschern und das Stürzen des Wassers über einen gelösten Fels, einen darin verkeilten Baumstamm. Ich verweile und verstehe, an diesem Ort rauscht der Bach zu jeder Zeit. Sein Rauschen begleitet den Tag und die Nacht, denn es ist ohne Ende, solang der Bach Wasser führt. Und so wie es ohne Anfang ist, erkenne ich diesen Ort als einen mit der Quelle und dem Meer verbundenen. Und ganz sicher ist die Verbindung eine noch darüber hinaus reichende. In ihr ist alles eins: Quelle, Bach, Ozean und noch viel mehr. Das alles erzählt dieses Rauschen hier an diesem Ort. Mal in drängender Kraft, mal sanft und leise.

Und darum laufe!

Wie also, gelange ich in mein höchstes Potential?

Der Weg führt über die Erkenntnis von der Göttlichkeit deiner selbst, über die Liebe zu dir selbst. Du bist schön, würdevoll, licht und heilig. Du bist diesen Weg gegangen und jeder Schritt war gesetzt, dem Licht näher zu kommen. Die Tiefen, die du durchwandert hast, adeln dich. Sie sind der Schatz, den du in dir trägst: *Auch das hast du gesehen, auch das war nicht in der Lage dich von Deinem Weg abzubringen.*

Das Wunder, welches eintritt, in dem Moment, in dem du es am dringendsten benötigst. Es ist dein heimlicher Verbündeter. Das Leben ist in allem der große Lehrmeister, in all seinen Facetten: *Tod, Gleichgültigkeit, Ignoranz, Haltlosigkeit, die Grenzenlosigkeit sogar.* Und darin ist es gut. Auch das ist gut!

Und darum laufe!

Die Meisterschaft

Die Freude am Entfallen des Gedankens – das ist Meisterschaft.

Und darum laufe!

Das Fortlaufen

Liegt dein Ziel vor dir, auf dem Wege, so führt dich das Laufen deinem Ziele näher. Liegt es jedoch hinter dir, so ist zu Laufen ein Fortlaufen und Stunde um Stunde, im Wald verbracht, vermieden dir, dich dem Leben zu stellen. Du kannst umdrehen, dich um 180 Grad drehen. Doch das ist leicht gesagt und im Wald zudem leicht vollzogen. In der Lebensdimension ist es das Schwerste, was zu bewältigen ist.

Durch das Laufen gewinnst du Distanz und Zeit. Laufend verlierst du Zeit und Raum. An der Sache ändert es nichts. Und du wirst es genau wissen, denn dir selbst bist du nicht in der Lage etwas vorzumachen.

Und darum laufe!

Vom Grunde meines Herzens

Ein Freund sprach in einem vertrauten Moment ganz beiläufig: *Im Grunde habe ich in meinem Leben nichts erreicht. Nichts ist geblieben, nichts ist bewahrt, kein Traum realisiert, keine Vision hinausgetragen. Der einzige Sieg, der mir glückte, war, die Sucht zu überwinden und dies einen jeden Tag erneut, seit vielen Jahren schon – das ist das Einzige.*

In dem Moment fehlten mir die Worte, auszudrücken, was ich empfand: Könnte ich einmal solches von mir behaupten, ich wäre stolz vom Grunde meines Herzens.

Und darum Laufe!

15 Minuten

Ich begegnete einem Läufer im Wald und er sprach zu mir von dem Laufen: *Ich laufe 15 Minuten und mein Geist ist frei. Ich kann ruhig denken und finde Lösungen und Wege. Was zuvor fest war, wird weich und beweglich. Dann, nach 50 Minuten gelange ich zu Ideen, denen ich nicht mehr vertrauen kann. Es sind originelle Ideen, doch sind sie auch geprägt von Größenwahn, von Selbstüberschätzung, von der Idee der Erwähltheit. Mein Gesamtzustand ist berauscht und euphorisch. Die Euphorie trägt mich dann durch den Tag, ich lächele, bin gut gelaunt, doch ich bin mir bewusst darüber, mich durch das Laufen in einen berauschten Zustand versetzt zu haben. Der Rausch ist selbst erzeugt und ich nehme keine schädigenden Nebenwirkungen wahr. Zudem ist er völlig legal und jederzeit verfügbar. Doch es ist ein Rausch und von ihm abhängig zu werden, kann ich nicht ausschließen. Ob dies mein Leben ist? – die Frage stelle ich mir manches Mal. Sie zu beantworten ist nicht ganz einfach. Ganz sicher ist, dass nur ich selbst sie beantworten kann. Tag für Tag, Moment für Moment."*

Und darum laufe!

Der erhellende Funke

Konstellationen, die ich so in dieser Form bereits tausendfach gesehen habe. Mit einem Mal offenbart sich mir eine völlig neue Bedeutung. Etwas bricht ein in meine Wahrnehmung. Und so sehe ich im Park einen Mann vor mir gehen, auf sandigem Boden. Er geht ohne besonderen Ausdruck, ohne besondere Auffälligkeit. Und es ist ganz klar: Dort ist der Mensch und vor ihm der Raum, in den er hineingehen wird. Und es ist zudem ganz klar: Ihm ist die freie Wahl übereignet. Und die Entscheidung, was zu tun sei, wohin zu gehen sei. In diesem Moment und in allen darauffolgenden zudem.

Und darum laufe!

Ein Geist des Waldes

Ich lief und in der Tiefe des Waldes bemerkte ich eine Erscheinung, die zu beschreiben mir unmöglich ist. Ganz sicher war ich, dass es sich um einen Geist – in welcher Form auch immer – handelte. Der Geist war in Not und bat mich um Hilfe und so half ich, wie ich jedem anderen in dieser Lage geholfen hätte. Ohne Absicht, ohne Erwartung, ohne Hoffnung auf Ertrag oder Erkenntnis. Der Geist war bald seiner Not erlöst und dankte, indem er versprach, drei Wünsche zu erfüllen – dies läge in seiner Macht. Ich sagte: *Warum versprichst Du drei? Einer genügt vollkommen, und ob ich dessen Erfüllung benötige, bin ich mir dabei nicht einmal sicher.* Er zögerte kurz. *Nun Gut* sagte er darauf, *also Einer, was wünschst Du Dir?* Da ich mich mit meinen Wünschen, der Sehnsucht und ihrer Erfüllung, dem Wesen der Begierde zudem bereits auf dem Wege durch den Wald kurz vor der Begegnung mit dieser Erscheinung beschäftigt hatte, zudem die zwei Korrektur- oder Ergänzungsmöglichkeiten aus freien Stücken hingegeben hatte, versuchte ich in diesem Moment, in dem das gesprochene Wort zu Realität werden würde, es besonders geschickt anzustellen und sagte: *Ich wünsche mir die höchste Erfüllung, die vollkommene Glückseligkeit, das Erreichen meines höchsten Potenziales, leichter zu werden, zu reinem Licht letztendlich ...*

So soll es sein! Sprach der Geist und mit einem Blitz fand ich mich versetzt in mein Leben, in dieser Zeit, in diesem Zustand, in diesen Bedingungen, genau hier, jetzt, nun, unter diesem Namen, mit all den Leiden, Hoffnungen, Wünschen und Träumen, wie zuvor. Und ich lief, war laufend auf halber Strecke. Das war ein schönes Gefühl. Und ich lief weiter, als wäre nichts gewesen.

Und darum laufe!

Der Sturz

Ich laufe, ein junger Mann kommt mir entgegen, in mir der Impuls, zu grüßen – ich lächele ihn an, fokussiere seine Augen und sende meinen Gruß. Dann, einen Schritt später stürzt er zu Boden, sein Fuß verhakt in einer Baumwurzel, verborgen im Laub. Ich bleibe stehen, drehe mich um und rufe: *Ist alles in Ordnung? Geht es Ihnen gut?* Er schüttelt sich, kniet, streift das Laub von seiner Jacke, putzt sich ab und läuft weiter mit dankender Geste. Ich wünsche ihm einen guten Tag hinterher und laufe meines Weges. *Was habe ich nur wieder getan?* Denke ich, doch es ist sein Sturz, so wie auch ich öfter gestürzt bin, um danach gleich wieder aufzustehen und weiterzulaufen. Nichts ist passiert, keine Verletzung nur eine sanfte Ermahnung, deren Werkzeug die Wurzel eines Baumes war. Ein Weckruf, eine Erinnerung – *so ist es gerade um Dich bestellt!* Nichts weiter sagt sie als: *Steh auf, putz Dich ab, lauf weiter und pass besser auf.*

Und darum laufe!

Das höchste Potenzial

Mein höchstes Potenzial ist eine für mich nicht zu erahnende Form. Sie wird mir stets einen Schritt voraus sein. Wenn ich mich nähere, wandert sie hinauf – höher, immer höher! Und das allein bereitet mir Freude. Ich bin im Spiele des Seins auf meinem Weg. Was gibt es da noch zu befürchten? Im Grunde ist mein höchstes Potenzial ohne Grenze, es ist reines Licht und reine Liebe, dem Universum gleich von unendlicher Ausdehnung. Es ist zeitlos und es ist an diesem Tage, an diesem Ort zu tun, was zu tun ist: das Geschirr zu spülen, die Toilette zu reinigen, dem Kind ein Schlaflied zu singen.

Und darum laufe!

Warum willst du?

Warum willst du dich mit der Vorstellung begrenzen, du seiest etwas, jemand – ein Vater, ein Lehrer, ein Heiliger? Das, was du sein kannst ist darüber. Es ist freier, weiter, leichter noch, es ist unfassbar, ungesehen, einmalig und so unwahrscheinlich, dass es ein Fest des Lebens ist, dass du diesen Atemzug tun darfst.

Und darum laufe!

Dunkel, Angst und Freundschaft

Ich laufe am Abend, in der Nacht sogar. Es ist dunkel und im Wald noch dunkler. Der Weg ist mir erleuchtet von einer Lampe, an meiner Stirn befestigt. Sie beleuchtet einen Halbkreis von vielleicht zwei Metern vor mir. Jenseits davon sehe ich nichts. Mein Atem kondensiert in der Kälte, es dampft und umweht mich. Insekten der Nacht tanzen auf und nieder. Und dann kommt die Angst!

Sie hat hier ausreichend Raum. In der Dunkelheit macht sie sich bemerkbar. Ich spüre ihre Nähe. Wenn ich mich auf sie einlasse, dann erschauert mein ganzer Körper. Ich zittere im Laufen und lasse sie hochkommen, hochsteigen bis an den Rand der Panik heran. Ich suche ja die Grenze. Dafür gehe ich im Dunkeln laufen. Ich will an ihr wachsen. Ich will mit ihr vertraut werden. Und so ist sie anfangs hinter mir.

Ganz deutlich, ein paar Schritte, hinten links, dann auch rechts, in gleichem Abstand. So kann ich nicht weiterlaufen, denn ihre Anwesenheit – wird sie mir so drastisch bewusst – raubt mir die Kraft, weiterzulaufen. Inzwischen bin ich mitten im Wald. Ich kann nicht einfach stehenbleiben, meinen Rhythmus aufgeben, mich umdrehen, um sie anzuschreien, zu wüten, zu kämpfen oder anderes mehr. Genau das ist die Grenze, der ich nun nahe komme.

Und jetzt passiert das Entscheidende: Ich bitte meine Angst, etwas näher zu kommen, in den Schein meiner Lampe. Ich bitte sie, sich zu zeigen: *Lauf neben mir, ganz nah bei mir, komm hervor!* Und sie folgt meiner Aufforderung. Ich erkenne, einen jungen Mann, bärtig, ungepflegt, ungewaschen, mit verschlissener Kleidung, genauso geängstigt, wie ich es bin.

Kein Monster, keine Bestie, kein Tier. Und ich frage ihn, ob er mir die Hand gibt, sodass wir Hand in Hand laufen können. Und wir laufen gemeinsam. Still, vertraut, befreundet. Wir kennen uns doch schon so lang. Und mit einem Male empfange ich Kraft von ihm und alles wandelt sich in Vertrauen. Ich komme zurück in die beleuchteten Straßen, er bleibt zurück, dort im Wald. Ich weiß, dass ich bald wiederkommen werde.

Und darum laufe!

Die Kraft des Tieres

Ein Schrei in der Nacht, der mich bis ins Mark erschreckt, der mich erschauern lässt. Im Dunkel durch meine Annäherung von Ihrem Ast aufgeschreckt, senkt die Eule ihre breiten Schwingen mir entgegen, um lautlos als schwarzer Schatten über mich hinwegzugleiten. Sie ist eine Meisterin des Seins, dies ist ihr Wald. Sie herrscht über die Dunkelheit und ich verstehe den Raum, den sie mit ihrer Kraft erfüllt. Was hat die im Käfig gehaltene Eule noch von dieser Kraft? Willst Du die Eule verstehen, so geh in den Wald in der Nacht. Folge ihrem Ruf.

Und darum laufe!

Das Lächeln, eine Vermutung

Ein Spitzenläufer – als es ihm nach Jahren der Dominanz nicht mehr gelang im entscheidenden Abschnitt eines Marathons, den Anschluss zu halten, bemerkte ein Kommentator: *Ist dieses Gesicht, welches er uns all die Jahre gezeigt hat, vielleicht doch kein Lächeln gewesen? Eines, welches undurchschaubar der Leistung, die er vollbrachte, voranstand. War es ein Ausdruck des Schmerzes?* So vermutete der Kommentator, ohne zu wissen.

Und darum laufe!

Es gibt

Es gibt Wohlhabende und Arme. Sie ziehen an dir vorbei in diesen Formen. Du reihst dich ein in diesen Stufen, irgendwo und gehst weiter. Warum glaubst du, etwas hieran sei zu verstehen, zu begreifen?

Und darum laufe!

Ein Stamm, hoch genug

Einmal lief ich und meine Gedanken waren eine kreisende Bewegung, selbst berauscht, ein Abbild von Möglichkeiten und Sehnsüchten, denen zu folgen mich drohte abhängig zu machen. Energie ganz sicher, doch eine, die in Ihrer Kraft sich sträubte, losgelassen zu werden. Ihre Kraft war mir in ihrer Größe zum einen selig, zum anderen bedrohlich. Das Herbstlaub feucht und kühl, die Bäume in mich schirmender Kraft, sah ich einen Baumstamm quer über den Bach liegen. Ich dachte: Hatte ich nicht, einmal, aus mir heraus, völlig ohne Publikum, mich an einem Stamme versucht? Das war die Tür, die sich öffnete – ganz klar war mir: Gehe jetzt und balanciere, der Stamm liegt hoch genug, stürzt Du, so wirst Du Dich verletzen, doch mehr nicht. Er liegt hoch genug, um Dich herauszufordern aus dem Denken. Und so schlug mein Herz vom Adrenalin getrieben, Schritt für Schritt auf dem feuchten Stamm, mein Blick an ihm vorbei, hinab, mich wanken ließ. Mich zwang, mich selbst zu zwingen, ganz zentriert zu sein. Und so schritt ich hinüber, vom Denken frei. Angekommen, in lächelnder Fülle, ich weiterlaufen konnte.

Und darum laufe!

Das Lächeln, eine Welle

Eine Welle des Lächelns zieht sich durch eine Region, durch ein Land. Ausgehend von einem Läufer, der einen ihm unbekannten Läufer anlächelte. Jener trägt es in seinen Tag und mit jeder Begegnung wiederholt sich dieses wunderbare Spiel. Von Mensch zu Mensch. Wie solcherart Wellen entstehen, so können Ausläufer dieser Wellen einander begegnen und einander verstärken. Eine freundliche Stimmung trifft hier auf eine freundlich gestimmte Umwelt. Die Bedeutung des einzelnen Menschen ist hierbei überhaupt nicht zu überschätzen. Die Bedeutung der Entscheidung eines einzelnen Menschen ist ebenso wenig zu überschätzen. Hier beginnt das Strahlen. Hier beginnt alles. Hier nimmt es seinen Anfang.

Und darum laufe!

Wer bist Du?

Du selbst offenbarst dich und zugleich wirst du dir selbst offenbart. Das ist kein Widerspruch, das ist ein und dieselbe Sache. Ganz klar und einfach. Es ist so einfach, dass jedes Kind es versteht.

Und darum laufe!

Das Sein

Das Sein ist der Raum zwischen dem ersten und dem zweiten Schritt, genau das.

Und darum laufe!

Das Lächeln, sich üben

Die Form, die das Lächeln bildet, sie erregt in Dir Widerspruch, wenn sie nicht der Empfindung entspricht, in der Du Dich befindest: Freude und Heiterkeit. Doch wenn Du über diesen Moment des Widerspruchs hinausgehst und weiterlächelst, die Leere der Form aushältst, einfach genießt, dass über die Weitung der Nasenlöcher die Luft besser strömt, Du also beim Laufen besser versorgt bist mit dem notwendigen Sauerstoff, so wird Folgendes eintreten: In die leere Form begibt sich, was normalerweise diese Form gebildet hätte – Heiterkeit und Freude. Und vergiss nicht, der lächelnde Mensch begegnet fortwährend ebenso lächelnden Menschen. Es ist ansteckend, es verbreitet sich. Nach solch einem Tag voller Begegnungen in heiterer Form treten Vertrauen und Seligkeit in Dein Herz, denn das ist eine Welt, in der zu sein einem jeden Menschen zu wünschen ist. Das Paradies, von Dir erschaffen.

Und darum laufe!

Eine Läuferin

Eine Läuferin, von ihr ein Lächeln in Erinnerung bleibt. Ein Lächeln, das strahlte in ihren größten Erfolgen, selbst in ihren Niederlagen noch erschien. Sie bezauberte die Menschen am Rande der Strecke. Geliebt wurde sie nicht für ihre Erfolge, Zeiten, für Leistungen. All das war nur der Träger, der Urgrund dieser einen universellen, uns allen verständlichen Sprache, die uns unserer Waffen entledigt und unsere Herzen öffnet – dem Lächeln.

Und darum laufe!

Langsam ist schnell

Einmal lief ich auf dem Weg in den Wald durch einen Park. Ich lief langsam, ganz langsam, hatte sich doch meine Lunge zusammengezogen. Ein stechender Schmerz in meiner Brust, als wären die Lungenbläschen am Platzen. Ich konnte nicht schneller, gerade noch überhaupt und ein Passant auf dem Fahrrad sprach mich an: *Läufst Du immer so langsam, Du stehst ja fast.* Er war dabei ganz freundlich. Ich war überrascht, war ich doch mit mir und meinem Schmerz beschäftigt. Ich sagte dann irgendwann: *Weißt Du, wenn ich langsam laufe, dann laufe ich eine Stunde für meine Strecke. Wenn ich schnell laufe, dann laufe ich auch eine Stunde. Ist das nicht merkwürdig?* Von dem Schmerz in meiner Lunge konnte ich ihm damals noch nicht erzählen. Der Schmerz war mir vertraut. Ich wusste und weiß es noch immer, dass er auf mich wartet, bis ich loslaufe, dass er mich besucht, wenn ich begonnen habe, zu laufen und dass er dann nach einer Weile weiterzieht, wenn meine Lunge sich geweitet hat. Der Schmerz erinnert mich daran, dass ich mich verändere, denn früher war er nicht da. Er erinnert mich daran, dass ich es nicht akzeptieren kann, dass ich mich verändere. Etwas in mir versucht festzuhalten, statt loszulassen. Im Loslassen weiten sich die Lungenbläschen, ganz einfach.

Und darum laufe!

Laufen mit gesenktem Haupt

Ich blicke auf den Boden nur, ein Strom von gelben Blättern auf schwarzer Erde im Strome an mir vorüberzieht. Je tiefer ich hineinblicke, umso vielschichtiger wird das Spiel von Farben, Farbnuancen und Formen. Es rauscht durch mich hindurch. Was gäbe es hier, was ein Geist erfassen könnte? Ich kann nicht anders und gebe mich hin: Steine, Kiesel, Schlamm, die Spiegelung von Zweigen in der Oberfläche der Pfützen. Licht und Schattenspiel. All das. Was gäbe es hier, was ein Mensch verstehen könnte? Ich kann es sein und das genügt. Es genügt vollkommen. Eben noch lief ich los, nun komme ich schon wieder an.

Wo nur bin ich gewesen? Frage ich in ruhiger Fülle, frage ich in stiller Hülle.

Und darum laufe!

Das Lächeln

Das Lächeln trägt einen Menschen. Wenn es so ist, dass du nicht lächeln konntest auf deinem Weg hierher, weil an dem Leiden zu wachsen dir gestattet war, so kann es doch sein, dass ein Weg mit Höhen und Tiefen, Windungen, Gefahren, Abgrund und Verderben doch in ein Lächeln mündet. Ein Lächeln von strahlender Schönheit, welches Herzen öffnet, wortlos entwaffnet, wortlos besänftigt und beseelt.

Stelle dir vor, ein Trichter, in dessen Raume dein Leid dich umherirren lässt und doch das insektenhafte Tanzen an des Trichters Innenseite, welches nichts erkennt, nichts versteht als den Lichtpunkt in der Ferne, der ihn magisch anzieht. Dort ist es, dieses Lächeln. Manchmal bist du dort, eins mit dem Licht. Manchmal bist du auf dem Wege dorthin – es ist ein und derselbe Zustand.

Und darum laufe!

Ich sage

Ich sage, etwas gewinnen zu können, ist eine Illusion. Uns wird ALLES genommen werden. Dir wird ebenso ALLES genommen werden. Es wird allen ALLES genommen werden. Darin verweist ALLES auf all das, was dir nicht zu nehmen ist: die Achtung der Menschen, die dir begegnet sind. Die Liebe der Menschen, die deine Seelenpartner sind. Dein Vertrauen in Sinn, Werdung und das TROTZDEM. Deine Hoffnung, die aus deiner Überzeugung sich speist. Deine Überzeugung, die durch den Verlust nicht verunsichert wird. Dein Glaube, deine Spiritualität, deine Religion, letztlich dein Selbst. Dies ALLES kannst im Grunde nur du selbst dir nehmen.

Und darum laufe!

Die größte Gefahr

Sie ist, sich nicht mehr auf sich selbst verlassen zu können. Der eigenen Wahrnehmung nicht mehr trauen zu können. Gelähmt im ENTWEDER-ODER, in dem SOWOHL-ALS-AUCH, abgeschnitten von den Wurzeln, ohne Kontakt zu der Erde. Sie ist der Moment, in dem die Techniken nicht mehr wirken, die dir einst Halt gaben. Kein Rat von keiner Seite ist mehr wahrgenommen. Worte sich im Echo der Höhle verlieren, in der Du im Sturze dich befindest. Irgendwann führt dich das Leben genau hierher, in die größte Gefahr, all das zu erfahren, auch den Rest von dem, was du selbst dir dann noch bist. Es ist der Ort der Umkehr, der großen Erkenntnis, der FESTE HALT von dem du künden wirst.

Und darum laufe!

Der Sinn an der Sache

Der Sinn an der Sache, er ist von der Ausweglosigkeit berichten zu können, in ihr zu stehen, ohne Schutz dem Sturm ausgeliefert, in ihr von dem Ausgang bereits zu wissen und trotzdem der Angst keinen Moment zu opfern, zu berichten und auszuharren.

Und darum laufe!

Die Verfügbarkeit

Verfügbarkeit. Sie ist. Der Wald sagt mir: *Es ist alles hier, alles an diesem Ort, es ist jetzt, es ist nun, es ist belebt, jeder Stein, jede Pflanze, Baum, Strauch, Vogel, in allem offenbart sich das Gesetz des Seins, in dem kleinsten noch, bist du denn in der Lage es wahrzunehmen.*

Und so kehre ich von weiten Reisen zurück, von den schönsten Orten dieses Planeten, an denen ich die Ruhe nicht finden konnte, die sich mir hier offenbart.

Und darum laufe!

Es löste sich ein

Das Leben im Licht, Luxus, dorthin bin ich gegangen, wo das Sein dem Menschen die Zeit gewährte zu werden, die Zeit sich mit sich selbst zu beschäftigen, an sich selbst das Leben zu erfahren. Es ist zugleich der Ort der materiellen Verarmung gewesen. Es war meine Wahl, so wie es die Wahl von vielen, vielen anderen ist. Und es war eine Wahl in der Hoffnung an Geist und Seele reich zu werden, im Menschlichen. Reich an Mitgefühl, an Freundschaft, an Liebe. Das war hier niemandem garantiert und doch löste es sich ein.

Und darum laufe!

Sanft geborgen

Es gibt die Zeit, eine äußere, eine innere und doch ist sie nur Illusion. So wie du dich eilst, um doch zu spät zu kommen. So wie du in Ruhe eintriffst, vor der Zeit, bevor du erwartet wurdest. Sie bleibt Illusion. Es gibt auch die Übereinstimmung von innerer und äußerer Zeit. Hier kommt sie zum Schweigen, hier ist sie ganz sanft. In ihr geborgen ist es dir ganz gleich, ob sie Illusion ist oder nicht. Sie ist fort und doch ist sie ALLES. Du bist fort und bist zugleich ALLES. In Übereinstimmung – das Universum selbst.

Und darum laufe!

Darüber

Von all dem, was ich versuchen durfte, von all dem, was ich probierte, ist nichts geblieben. Darunter gibt es solches, welches ich fallen ließ, weil es mir gelang und anderes, welches mir entrissen wurde, weil ich ihm nicht genügte. Nichts von Bestand, so es mir erscheint. Und doch, darüber dasjenige, welches ich in Liebe vollzog. Wäre ich Liebe nur gewesen in meinem Tun, reiner Erfolg wäre mir beschieden gewesen. Dies ist des Weges Erkenntnis: *Die Liebe wahrt eines Weges Bestand.*

Und darum laufe!

Zu gleicher Zeit

Einer, der sich mit Geschick und List aufschwang zu einem der vermögendsten Menschen des Planeten, in kürzester Zeit. Sein Bild, die Nachricht von seinem kometenhaften Aufstieg in aller Munde.

Zu gleicher Zeit dort ein Anderer, dem es gelang sich mit seiner Endlichkeit abzufinden, ein Weiterer, dem gelang, um Verzeihung zu bitten, ein Dritter, der Mitgefühl empfand, ein Nächster, dem sich die Liebe offenbarte, ein Weiterer, der sich am Flug eines Schmetterlings erfreute. Dann war dort Einer, der den Hinweis seiner Krankheit empfing. Einer, der seine Aufgabe annahm. Einer, der von sich selbst loslassen konnte. Einer der zu völliger Ruhe fand.

Und darum laufe!

Dein Schatten

Dein Schatten macht dich krank, ihn anzublicken, führt Heilung herbei.

Und darum laufe!

Zeit und Erkenntnis

Für dies hast du alle Zeit der Welt, ein Leben, Jahre, Jahrzehnte. Zeiten, in denen sich kaum etwas bewegte, um nun in diesem Moment in die Erkenntnis einzubrechen. *So kann es also sein, von jetzt auf gleich, nun, hier, sofort!* Doch kannst du es ebenso gut auf Jahre noch ausdehnen, wenn du es willst, wenn es für dich so sein soll. Doch warum nicht gleich? Warum nicht jetzt?

Und darum laufe!

In dieser Welt

In dieser Welt, in der es in Allem einen berufeneren, einen excellenteren, einen brillianteren Akteur in deiner Disziplin zu geben scheint, bricht alles zusammen, wenn die Illusion, vergleichen zu können, sich auflöst. Es ist deine Disziplin und dort bist du und es ist dort das Sein. Du und dein Gott und dort passt niemand dazwischen. Wie nur könnte jemand glauben, sich dazwischen drängen zu können? Kein Mensch ist mit einem anderen Menschen vergleichbar. Und die Wettkampffreunde werde es bemerken, wenn sie zurückfallen: Es geht nicht um den andern, um den Vergleich, um Leistung pro Stunde. Es geht um dich. Um nichts anderes.

Und darum laufe!

Das Laufen im Licht

Das Laufen in der Dunkelheit. Einmal lief ich in der Dunkelheit und ich konnte verstehen, was es ist – das Laufen am Tage. Ich sah das Blau des Himmels, die im Herbstlicht leuchtenden Blätter, der Bäume Schwarz, den schweren getränkten Boden, von Tinte so schwarz, um hinaufzublicken. Ich stieg höher, immer höher aus dem Blau heraus und so wurde es immer dunkler mit zunehmender Höhe. Kobalt mit Schwarz angemischt, dann Schwarz mit Azur, bis in das tiefe Schwarz hinein. Dort am Tage im Weltenraum herrscht die Finsternis, von der aus ich auf mich selbst herabblickte. Die Sterne in ihr, sie sind nicht Kinder der Nacht, sie leuchten allen Zyklen zum Trotz und fortan wusste ich: am hellsten Tage ist ihr Leuchten in dem der Sonne geborgen, anwesend, es begleitet uns immerzu.

Und darum laufe!

Der Atemzug

Alles, was ich benötige, dem HIER-UND-JETZT nahezukommen, trage ich in mir und werde ich in mir tragen für alle Zeit. Diese Form der Vertiefung ist mir zum Geschenk gemacht und immer dort, wo ich glaube, zu verzweifeln, ist diese Form mir ganz nah. Ich bin Erde und Himmel, bin Sonne, Stern, Tier und Pflanze. Ich bin Wasser und Luft –

das alles. Und meine Lunge öffnet sich für den einen Atemzug und dann für den folgenden.

Und darum laufe!

Das Gleißen

Wenn nun in diesem Gleißen ein Planet sich vor die dir nächste Sonne schiebt, um eine Finsternis um dich zu legen, so ist diese Finsternis kein Pol der Dualität von Licht und Schatten. Die Finsternis ist ein lichter Teil der beleuchteten Welt, der verweist auf das Lichtere.

Und darum laufe!

Die Wunschlosigkeit

Nicht das Wesen des Wunsches, seine Qualität. Die Technik zu wünschen, die Formulierung. Die Direktheit der Anrede, Höflichkeit und Form. Herausgerufen oder still. Für sofort oder später. Die intellektuelle Leistung, sich abzusichern gegen das Unerwünschte, in Windung und Verwobenheit – Es ist die Wunschlosigkeit.

Und darum laufe!

Was glaubst du?

Was glaubst du von dir und deinem Leben, was erkennst du, was erahnst du von deinem Schatten? Vergleiche dich nicht mit anderen, dein eigenes Leben oder Sein zu bewerten, hast vielleicht nicht einmal du das Recht.

Und darum laufe!

Wer bist du?

Wenn du verlassen aus allen Zusammenhängen fällst, kein Freund, keine Familie dich mehr hält. Du dich also fragst, wer du bist, wer du warst, als du noch in Beziehungen standest. Das Laufen gibt dir keine Antwort, doch beim Laufen wirst du dir selbst offenbar.

Und darum laufe!

Warum nicht sein?

Warum nicht sein, was Du sein wolltest? Was Du Dir schon immer erträumtest, jetzt an diesem Ort, in diesem Moment? Was wolltest Du sein? – Anders möglicherweise, dies ist der Hinweis der Krankheit, die dich zurück auf deinen Weg führen wird. Von anderer Statur, furchtlos, sanft, liebevoll, strahlend. Genau das zu sein ist möglich und in der Vorstellung bin ich dieser Möglichkeit bereits nähergekommen.

Und darum laufe!

Der Punkt

Bis also zu diesem Punkt du kommst, dass alles, so wie es ist, genau richtig ist, ganz genau so sein muß, dass du es herbeigeführt hast, in exakt diese Form, so sehr du auch an ihr leiden magst, so sehr du dich winden magst: *Kein Ausweg weit und breit.*

Und darum laufe!

Es ist einfach

Es ist einfach, denn alles, was wahr ist, ist einfach. Es ist sofort, es ist gespürt und schon wirksam. Es ist vollends, umfassend. Vertraue, vertraue vollends und lass dich überraschen, wie einfach es ist.

Und darum laufe!

Der Vergleich

Glaube nicht, ein Mensch sei mit einem anderen vergleichbar, glaube nicht, eines Menschen Haus sei näher am Abgrund gebaut, als das eines anderen. Nur weil dein Leben dich in Verzweiflung lähmt, weil deine Seinshypothek den Wert deines Hauses um vieles übersteigt. Der Baum, dessen Wurzeln vom Bache umspült, dessen Sturz abzusehen, erwartet wird – das bist du. Ganz sicher. Doch kein Vergleich ist möglich. Nicht einmal eine Vorstellung zu vermitteln, was dein Sein ausmacht, ist möglich!

Und darum laufe!

Das Wesen

Nichts wird dir offenbart,
außer der Vergeblichkeit des Versuches,
sich einer Offenbarung anzunähern.
Doch das ist Erleuchtung.
In ihrem Wesen.

Und darum laufe!

Die Zeit

Die Zeit, in der es keinen Nutzen mehr gibt, in der es keinen Zweck mehr gibt, in der nichts mehr verwertbar sein wird, sie wird kommen.

Und darum laufe!

Die Frage der Fragen

Die Antwort auf die Frage, es ist so schwer und einfach zugleich, es ist ihre Bejahung. Darin löst sich alles auf an Sorge, an Leid, Schmerz, Verlust, Alter, Krankheit und Tod. Der Tod, der dir gewiss ist, so wie allen anderen auch. Das Leben zudem, auf welches du ein Anrecht hast, so wie alle anderen auch, es löst sich ein mit seiner Bejahung.

Und darum laufe!

Die Abzweigung

In dem Wort das Bild sich bereits befindet. Auf dem Weg gibt es immer wieder Gabelungen und an ihnen Kräfte, denen ich in dem entscheidenden Moment vertraue. Eine Blume, ein Vogel, eine Wolke mag mir helfen, die Entscheidung zu treffen. Es kann auch ein Mensch sein. Und so treffe ich die Wahl und laufe weiter. Einem Baume gleich mein Leben sich verzweigt und hier nun von des Blattes Spitze, der Blüte im Insektentanz, blicke ich zurück. Von diesem Orte aus ist zu erkennen: Der Baum selbst zu sein, ich sollte es nicht glauben, um mein Ego mit dem Wahn von Größe zu besänftigen, ich sollte es glauben, weil es die Wahrheit ist.

Und darum laufe!

Wenn ich sage

Wenn ich sage, es geht um dein SELBST, so meine ich: lass es zurück! Warum glaubst du, das sei ein Widerspruch? Das SELBST und das NICHTS sind EINS, wenn du es nur zulässt, sie sind EINS und zugleich ALLES, allumfassend – auch das ist kein Widerspruch und vor allem: Es ist leicht, es ist einfach.

Und darum laufe!

Der Geiz

Erfüllt zu sein von der Aufgabe, der Berufung, den Gesang des Universums auszudrücken in jeder Faser, in jedem Atemzug, in jeder Bewegung und Berührung noch. Wie könnte es hier einen Geiz geben? Wie könnte ich etwas zurückhalten, etwas aufsparen, anstauen? Wie könnte es eine Sorge, einen Mangel geben? Alles wäre Fülle, ein Strömen geradezu. Und ich des Stromes Flussbett, das Gefälle noch dazu. Und ich des Bettes Inhalt, des Inhalts Ursprung und sein Ziel zudem. Und ich die Schwerkraft, der Sonne Kraft, Verdunstung und auch Niederschlag. Das alles.

Und darum laufe!

Himmelblau

Ein Gehirn, welches in einer Sache sich übt, wird darin gut werden, diese Sache zu tun. Wir formen unsere Gehirne, und wenn es unser Wille ist, wenn sich der Wille in einer Praxis manifestiert, so wird sich das Gehirn weiterentwickeln in der Ausübung der von uns angestrebten Funktion. Sie kann alles sein. Das Feld ist weit. Und so kann ein Gehirn beauftragt sein, zu durchdenken, was an Erscheinungen und Erlebnissen sich anbietet. Oder aber es kann beauftragt sein, von dem Durchdachten Abstand zu nehmen und Stille zu werden. Mit der Trennung von ICH und DU aufzuhören und in die Einheit zurückzufinden, das könnte eines Gehirns Auftrag sein. Oder aber hin und her zu oszillieren zwischen den Zuständen des Bedenkens und des Lassens und dem schweifenden Blick aus erhabener Position über dies alles. Zuletzt natürlich, unbewusst zu werden und diesen Zustand aufrechtzuerhalten. Für eine Weile vielleicht.

Und so strömen Blätter an mir vorüber, es gibt keine Frage zu klären. Über mir das Himmelblau, das zu verstehen neu mir nun gelingt. Der Bach in seinem Falle rauscht, seit wie viel Jahren schon? Es nicht wissen zu müssen, genügt.

Und darum laufe!

Es zu dir spricht

Es zu dir spricht, weil du es bist. Nicht Baum, Strauch oder Stein, der selbst auch ist, kein Widerspruch darin. Es ist die Energie, die in ihm steht, ihn sein lässt in dieser Form. Und so auch in dir, nicht du es bist, die Energie es ist, die dich zum Sprechen bringt. Es ist die Energie, die dort in des Steines Form, als Echo dir nun gleicht und zu dir spricht. Du selbst es bist, nichts war dir offenbart, als dies, da alles du schon warst. Von Anfang an und sein wirst bis zuletzt.

Und darum laufe!

September 2014 — November 2016
www.darumlaufe.net

1972/2016